Vuela 1
Libro del Alumno

M.ª Ángeles Álvarez Martínez
Ana Blanco Canales
M.ª Jesús Torrens Álvarez
Clara Alarcón Pérez

UNIVERSIDAD DE
ALCALÁ

Equipo de la Universidad de Alcalá
  Dirección: M.ª Ángeles Álvarez Martínez

  Programación y esquemas gramaticales: M.ª Ángeles Álvarez Martínez
                                        Ana Blanco Canales
                                        M.ª Jesús Torrens Álvarez
                                        Clara Alarcón Pérez

  Autoras: M.ª Ángeles Álvarez Martínez
          Ana Blanco Canales
          M.ª Jesús Torrens Álvarez
          Clara Alarcón Pérez

© Del texto: M.ª Ángeles Álvarez Martínez, Ana Blanco Canales, M.ª Jesús Torrens Álvarez,
      Clara Alarcón Pérez
© De los dibujos y gráficos: Grupo Anaya, S.A., 2005
© De esta edición: Grupo Anaya, S.A., 2005, Juan Ignacio Luca de Tena, 15 - 28027 Madrid

Depósito legal: M-16415-2005
ISBN: 84-667-4529-7
Printed in Spain
Imprime: Melsa - Carretera de Fuenlabrada a Pinto, Km 21,800 - 28320 Pinto (Madrid)

Equipo editorial
  Edición: Milagros Bodas, Sonia de Pedro
  Equipo técnico: Javier Cuéllar, Laura Llarena
  Ilustración: José Luis García Morán, Alberto Pieruz y José Zazo
  Cubiertas: M. Á. Pacheco, J. Serrano
  Maquetación: Ángel Guerrero
  Edición gráfica: Estefanía de Régil

Fotografías: Archivo Anaya (Boe, O.; Cosano, P.; Enríquez, S.; Jove, V.; Lacey, T.; Leiva, A.; Lezama, D.; Marín, E.;
      Martín, J.; Ramón Ortega, P. -Fototeca de España; Sanguinetti, J.A. -Fototeca de España; Steel, M.)
      Corbis
      Agradecimientos a: Laura Juárez López y Leo Kenyon Cabrejas

PRESENTACIÓN

Vuela es un curso intensivo de español destinado a los estudiantes que no disponen de tiempo suficiente para seguir un curso regular y quieren aprender –o mejorar– el español en un breve espacio de tiempo. También es adecuado para aquellos estudiantes que solo disponen de dos o tres horas a la semana para sus clases o para los que acuden a centros de enseñanza en los que no existen grupos establecidos, ni cursos con fechas fijas de inicio y fin, sino que asisten a clases que cambian cada semana de grupos, con la incorporación y salida de nuevos estudiantes. *Vuela* parte de una selección de los contenidos más importantes de cada nivel, según las necesidades comunicativas fundamentales de los hablantes en los distintos ámbitos establecidos por el *Marco común europeo de referencia para la enseñanza de las lenguas (MRE)*. La propuesta de *Vuela* sigue de cerca las recomendaciones y pautas del *MRE*, cuyas premisas se reflejan en los 6 niveles de competencia establecidos, en la programación del desarrollo de competencias y contenidos y en los planteamientos metodológicos. Los tres niveles generales (A, B y C), planteados por el *MRE*, se subdividen para facilitar el aprendizaje y la profundización en el estudio del español como lengua extranjera.

Vuela 1 corresponde al nivel **A1** del *MRE* y está pensado para los estudiantes que se acercan por primera vez al español. Intentamos ofrecerles unos conocimientos suficientes para desenvolverse en situaciones cotidianas muy concretas y básicas.

Vuela 1 ofrece material para cursos de entre **40 y 60 horas.** Está compuesto de 5 unidades didácticas, distribuidas en diez lecciones. Cada unidad se centra en un foco temático. Puesto que es imposible completar una unidad didáctica en una sesión –no hay que olvidar el carácter intensivo de este método, destinado a cubrir las necesidades de cursos de poca duración o de 2 o 3 horas por semana–, nos ha parecido conveniente crear dos ámbitos de acción dentro del mismo bloque temático. Cada unidad didáctica está formada, pues, por dos lecciones. De esta manera, en una sesión, el estudiante puede desarrollar una **secuencia didáctica completa**: sensibilización y precalentamiento, presentación de contenidos y práctica semidirigida y también libre. Así se evita que en una clase sea necesario retomar contenidos o actividades de la anterior.

Cada lección constituye una unidad de trabajo en sí misma, con principio y fin, pensada para ser desarrollada en una única sesión de dos horas de duración. Este tiempo podría alargarse, si se quiere, al realizar en el aula algunas de las propuestas planteadas en el *Libro del Profesor* o recurriendo a actividades del *Cuaderno de Ejercicios*. En este sentido, se presenta un material flexible y de duración variada a partir de una estructura didáctica claramente establecida. El profesor no está obligado a realizar el esfuerzo de adaptar secuencias didácticas a su situación de enseñanza, replanteando los contenidos y el desarrollo, pues sobre una base de duración mínima y de estructura clara y transparente, solo ha de insertar material diseñado para tal fin. Tampoco ha de preparar material auxiliar, pues de todo ello dispone en el *Cuaderno de Ejercicios.* Este tipo de secuenciación didáctica cerrada, con principio y fin, presenta como gran ventaja la cohesión en el trabajo diario y la sensación real de avance de cada día. Además, facilita que haya una perfecta contextualización de todas las actividades que se ejercitan, pues esto es factible en estructuras didácticas reducidas frente a otras de mayor extensión.

Cada secuencia didáctica comienza con un precalentamiento que sitúa al estudiante en el marco nocional y temático en el que va a trabajar, lo que facilita el desarrollo posterior. Le hemos dado gran importancia a esta parte, al ser fundamental como forma de contextualización.

Los contenidos lingüísticos y funcionales se presentan de una manera clara y precisa; y a continuación, se trabajan con actividades variadas. Queremos destacar, en este sentido, el esfuerzo que se ha realizado para que cada lección tenga una secuenciación firme, que lleve al alumno casi sin notarlo desde unas actividades bastante dirigidas a otras mucho más libres en las que continúa ejercitando los contenidos que debe aprender. Por consiguiente, el profesor y el estudiante son conscientes, en todo momento, de cuál es el contenido que se está estudiando. Puesto que nuestra mayor preocupación es rentabilizar el aprendizaje, se ha tratado siempre de evitar la dispersión; de ahí que el desarrollo de cada ámbito esté firmemente dirigido a trabajar de forma concreta la información de las fichas.

Las destrezas comunicativas están ampliamente desarrolladas, porque la mayor parte de las actividades y ejercicios del *Libro del Alumno* combina la práctica de los contenidos lingüísticos con una o varias destrezas. Así, seguimos la propuesta del *MRE* que sugiere que las actividades reflejen acciones y tareas de la vida cotidiana. La propuesta metodológica que desarrolla **Vuela** refleja las demandas de profesores y alumnos con respecto a lo que estos consideran un material útil para las clases. Se ha establecido teniendo muy en consideración sus reflexiones, opiniones, preferencias, etc. El resultado es un material didáctico que presenta las siguientes características:

El *Libro del Alumno* incluye, además de las 5 unidades didácticas, la **Programación** del curso; las **Transcripciones** de las audiciones; un **Glosario** donde se recoge de forma selectiva el léxico estudiado en las distintas unidades –tan solo se consigna, pues, el vocabulario fundamental–; además, se incluyen **giros** relacionados con ciertas situaciones comunicativas, y un **Apéndice gramatical** que comprende, de forma sistematizada, todos los contenidos gramaticales trabajados y que sirve de lugar de consulta rápida y referencia.

Programación

LECCIÓN	FUNCIONES	GRAMÁTICA	LÉXICO	ESCRITURA/FONÉTICA
Unidad 1				Pág. 8
1 **Hola, ¿cómo te llamas?**	- Saludar y despedirse - Presentarse uno mismo - Información personal	- Presente de indicativo de: *llamarse, tener, ser, vivir* y *hablar* - Adjetivos de nacionalidad: género y número	- Fórmulas de saludo y despedida - Países y nacionalidades - Lenguas	- Las vocales del español
2 **Me gusta aprender español**	- Preguntar y dar información personal: nombre y apellido; edad y fecha de nacimiento; domicilio; correo electrónico; lenguas que se hablan - Expresar gustos e intereses (I)	- Interrogativos: ¿cómo?, ¿qué?, ¿dónde?, ¿cuántos?, ¿por qué? - Presente de indicativo de *querer* y *gustar* + inf. - Adverbios *bien, mal* y *regular*	- Números del 0 al 50 - Deportes (I) - Actividades de ocio (I)	- Formulario de matrícula
Unidad 2				Pág. 20
3 **¿Cómo dices?**	- Decir que algo no se entiende y pedir que se repita - Pedir disculpas por no saber o no entender algo - Preguntar por el significado, la traducción o la forma de escribir una palabra - Agradecer - Deletrear	- Interrogativos *qué* y *cómo* - Presente de los verbos *decir, hablar, escribir, leer, significar* y *saber* - Impersonal con *se* - ¿*Puedes* + infinitivo? - Comparativo *más*	- Adverbios de afirmación y negación - Expresiones para pedir disculpas - Expresiones para llamar la atención - Expresiones para agradecer	- El abecedario y su pronunciación - La entonación enunciativa e interrogativa (I)
4 **La clase**	- Entender las órdenes básicas para el desarrollo de una clase - Conocer y manejar los materiales de clase - Pedir cosas - Pedir favores - Conceder o denegar lo pedido por otro	- Interrogativos *dónde, cuándo, cuántos, qué* + sustantivo - Artículo e indefinido - Imperativo de *escuchar, decir, leer, escribir, completar* y *marcar* - ¿*Puedes* + infinitivo? - ¿*Me dejas el / un* + sustantivo? ¿*Tienes un* + sustantivo? - Números de 50 al 1.000	- Objetos de clase - Material didáctico y partes del libro	- La entonación interrogativa (II)
Unidad 3				Pág. 32
5 **¿Qué hora es?**	- Preguntar y responder a qué se dedica una persona - Preguntar y decir el lugar de estudio o trabajo - Preguntar y decir a qué hora se hacen las cosas - Preguntar y expresar acciones habituales - Entablar una conversación con un recién conocido	- Presente de indicativo de verbos de acciones habituales - Género y número de los sustantivos - Las horas - Preposiciones de lugar: *en*	- Profesiones (I) - Lugares de trabajo - Estudios y centros de estudio	- Horarios. - Representación de /k/ y de /θ/.

3. Escucha y lee. ¿Qué les gusta hacer a Cristina y a Marcos en su tiempo libre?

–Cristina, ¿qué te gusta hacer en tu tiempo libre?

– Pues… me gusta escuchar música, ir de compras, pasear, jugar al tenis… ¿Te gusta jugar al tenis, Marcos?

–Sí, sí me gusta. Me gusta jugar al tenis y al fútbol.

–¿Y qué más te gusta hacer?

– Pues me gusta ir al cine, ver la televisión… ¿A ti te gusta ver la televisión?

–No, no me gusta.

A CRISTINA LE GUSTA…

_____

_____

_____

A MARCOS LE GUSTA…

_____

_____

_____

> **Para expresar gustos**
> Verbo *gustar* + infinitivo:
> *Me gusta pasear.*
> (A mí) me gusta pasear
> (A ti) te gusta pasear
> (A él / ella / usted) le gusta pasear
> (A nosotros/-as) nos gusta pasear
> (A vosotros/-as) os gusta pasear
> (A ellos/-as / ustedes) les gusta pasear

4. Pregunta a tu compañero y escribe sus respuestas.

Naoya, ¿te gusta jugar al fútbol?

¿Te gusta ir de compras?

Sí, sí me gusta.

No, no me gusta.

LE GUSTA…
_____
A Naoya le gusta jugar al fútbol.
A ……………………………………
……………………………………………
……………………………………………

NO LE GUSTA…
_____
A Naoya no le gusta ir de compras.
A ……………………………………
……………………………………………
……………………………………………

5. Completa con *bien, mal* o *regular.*

	Yo	Mi profesor	Mi compañero
Bailar			
Jugar al fútbol			
Pintar			

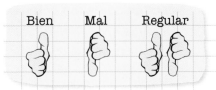

Bien   Mal   Regular

6. Escucha y completa.

Los números del 0 al 50

0 cero				
1 uno	11	21 veintiuno	31 treinta y uno	41 ....
2	12 doce	22 veintidós	32 treinta y dos	42 cuarenta y dos
3 tres	13 trece	23	33 treinta y tres	43 cuarenta y tres
4 cuatro	14 catorce	24 veinticuatro	34 treinta y cuatro	44 cuarenta y cuatro
5 cinco	15	25 veinticinco	35	45 cuarenta y cinco
6	16 dieciséis	26	36 treinta y seis	46 cuarenta y seis
7 siete	17 diecisiete	27 veintisiete	37 treinta y siete	47 cuarenta y siete
8 ocho	18 dieciocho	28 veintiocho	38	48 cuarenta y ocho
9 nueve	19 diecinueve	29 veintinueve	39 treinta y nueve	49 ....
10	20	30	40 cuarenta	50 ....

7. Escribe los números relacionados con las siguientes ilustraciones.

los Beatles .... dedos de una mano .... medallas olímpicas ....

paquete de huevos .... jugadores de ajedrez .... equipo de fútbol ....

8. ¿Te gusta jugar a la lotería? Rellena el casillero con siete números y escucha.

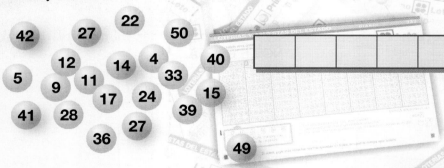

El símbolo "@" se llama arroba en español.

Número de aciertos ....

9. Escribe los números de teléfono y las direcciones de correo electrónico de tus compañeros.

–¿Cuál es tu número de teléfono?
–Mi número de teléfono es 623 054 117
–¿Cuál es tu dirección de correo electrónico?
–minoru18@hotmail.com

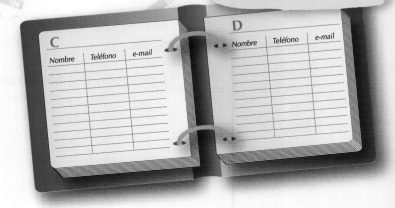

12. Tienes un minuto para apuntar todas las cosas que se pueden...

- escribir: *una carta,* ....

- leer: *un libro,* ....

- escuchar: *una audición* ....

13. Fíjate con qué elementos se construyen estos verbos. Forma todas las frases que puedas tomando un elemento de cada columna.

escribir
leer
borrar
buscar
señalar

una carta
el periódico
una frase
una palabra
la respuesta
un verbo

en
con

voz alta
la pizarra
una goma
el diccionario
un bolígrafo
voz baja
una cruz
un libro de gramática
un lápiz
el cuaderno

con: → instrumento
en: → lugar
expresiones: *en voz alta, en voz baja.*

▌ Compara con tu compañero.

14. Completa los números que faltan. Escucha y comprueba.

50 cincuenta	100	150 ciento cincuenta	200 ....
51 cincuenta y uno	101 ciento uno	151 ciento cincuenta y uno	201 doscientos uno
60	110 ciento diez	160	300 trescientos
61 sesenta y uno	111	161 ciento sesenta y uno	400 cuatrocientos
70 setenta	120 ciento veinte	170 ciento setenta	500 ....
71	121 ciento veintiuno	171	600 seiscientos
80 ochenta	130	180 ciento ochenta	700 setecientos
81 ochenta y uno	131 ciento treinta y uno	181 ciento ochenta y uno	800 ....
90 noventa	140 ciento cuarenta	190 ciento noventa	900 novecientos
91	141 ciento cuarenta y uno	191	1.000 ....

15. ¿Qué tal las matemáticas? Juguemos un poco.

a) Haz las multiplicaciones marcadas y pregunta el resultado de las otras a tu compañero. Con la serie completa, ¿qué observáis?

....

....

....

....

ALUMNO A

91 x 1 = 91
• 91 x 2 =
• 91 x 3 =
• 91 x 4 =
91 x 5 =
91 x 6 =
• 91 x 7 =
91 x 8 =
• 91 x 9 =

ALUMNO B

91 x 1 = 91
91 x 2 =
• 91 x 3 =
91 x 4 =
• 91 x 5 =
• 91 x 6 =
91 x 7 =
• 91 x 8 =
91 x 9 =

b) Escucha y sigue las operaciones. Después, compara el resultado con tus compañeros; ¿qué sucede? ....

unidad 2

16. Escucha la audición y sigue las instrucciones.

17. Vamos a conocer mejor los materiales didácticos. Escribe el nombre de cada una de estas partes del libro.

18. En pequeños grupos. Contestad a estas preguntas en el menor tiempo posible.

- ¿Cuántas páginas tiene el Libro del Alumno? ....
- ¿Y si las sumas al Cuaderno de Ejercicios? ....
- ¿Cuántas páginas ocupa el índice del Libro del Alumno? ....
- ¿Cuántas lecciones tiene el libro? ....
- ¿Cuántas páginas tiene cada lección? ....
- ¿Dónde está la gramática? ....
- ¿Qué páginas ocupa el glosario? ....
- ¿Qué lenguas aparecen? ....
- ¿Cuántos ejercicios hay en la lección 7? ¿Y en el CE? ....
- ¿Cuántas audiciones hay en la lección 5? ....
- ¿Dónde aprendes el léxico de la familia? ....

19. Ahora vosotros escribid otras tres preguntas para hacérselas a otro grupo.

1. ....
2. ....
3. ....

> cuánto/-a/-os/-as + sustantivo.
> qué + sustantivo.
> en qué + sustantivo = dónde.

INFORMACIÓN FUNCIONAL Y GRAMATICAL

	CONCRETO (ARTÍCULO)		NO CONCRETO (INDEFINIDO)	
	SINGULAR	PLURAL	SINGULAR	PLURAL
MASCULINO	el	los	un	unos
FEMENINO	la	las	una	unas

Para pedir cosas

No sabemos si lo tiene	Sabemos que lo tiene
A: ¿Me dejas un...? ¿Tienes un...?	A: ¿Me dejas el...?
B: Sí, claro. Toma.	B: Sí, claro. Toma.
B: Lo siento, no tengo.	B: Lo siento, lo necesito / está roto / no escribe...

Para pedir favores

¿Puedes + infinitivo ...?

Imperativo para dar instrucciones

Verbos en -ar	Verbos en -er	Verbos en -ir
relacionar → **relaciona**	leer → **lee**	escribir → **escribe**
completar → **completa**	responder → **responde**	decir → **di** (irregular)
escuchar → **escucha**		
contestar → **contesta**		
comprobar → **comprueba**		

Preposiciones

con → instrumento
en → lugar

Expresiones
En voz alta.
En voz baja.

Interrogativos

cuánto/-a/-os/-as + sustantivo
qué + sustantivo
en qué + sustantivo = dónde

Números del 50 al 1.000

50 (cincuenta)	100 (cien)	150 (ciento cincuenta)	200 (doscientos)
51 (cincuenta y uno)	101 (ciento uno)	151 (ciento cincuenta y uno)	201 (doscientos uno)
60 (sesenta)	110 (ciento diez)	160 (ciento sesenta)	300 (trescientos)
61 (sesenta y uno)	111 (ciento once)	161 (ciento sesenta y uno)	400 (cuatrocientos)
70 (setenta)	120 (ciento veinte)	170 (ciento setenta)	500 (quinientos)
71 (setenta y uno)	121 (ciento veintiuno)	171 (ciento setenta y uno)	600 (seiscientos)
80 (ochenta)	130 (ciento treinta)	180 (ciento ochenta)	700 (setecientos)
81 (ochenta y uno)	131 (ciento treinta y uno)	181 (ciento ochenta y uno)	800 (ochocientos)
90 (noventa)	140 (ciento cuarenta)	190 (ciento noventa)	900 (novecientos)
91 (noventa y uno)	141 (ciento cuarenta y uno)	191 (ciento noventa y uno)	1.000 (mil)

Lección 5 ¿Qué hora es?

- Preguntar y responder a qué se dedica una persona.
- Preguntar y decir a qué hora se hacen las cosas.
- Preguntar y expresar acciones habituales.
- Entablar una conversación con un recién conocido.

1. ¿Qué hora marcan estos relojes?

....

¿Qué hora es?

Es **la** una	en punto. y cuarto. y veinte.
Son **las** ocho	y media. menos veinte. menos cuarto.
Son las siete **de la** tarde	

2. Cuando en Madrid son las siete menos cuarto, ¿qué hora es en estas ciudades? Escribe la hora y márcala en los relojes.

 Nueva York   Tokio   Buenos aires  Nueva Delhi  Teherán

....

3. Habla con tu compañero y completa esta agenda.

ALUMNO A

LUNES	MARTES
9:00 - 10:00 Desayuno	9:00 - 10:00 Desayuno 10:15 - 11:30
.... 1.ª Sesión de trabajo	Presentación del proyecto
.... Descanso 12:00 - 13:30.	.... Descanso
2.ª Sesión de trabajo 13:40 - 16:00	Visita del Alcalde 13:40 - 16:00
Comida y tiempo de descanso 16:00 - 17:00	Comida y tiempo de descanso
Puesta en común	.... Proyección de la película **Mar adentro** 17:00 – 19:00
.... Visita por la ciudad	Visita a las empresas

ALUMNO B

LUNES	MARTES
.... Desayuno 10:10 - 11:30	.... Desayuno
1.ª Sesión de trabajo 11:30 - 12:00	Presentación del proyecto 11:30 - 12:00
Descanso 12:00 - 13:30	Descanso 12:00 - 12:30
2.ª Sesión de trabajo	Visita del Alcalde 13:40 - 16:00.
Comida y tiempo de descanso	Comida y tiempo de descanso 16:05 - 17:00
.... Puesta en común 17:00 - 19:00	Proyección de la película **Mar adentro**
Visita por la ciudad	.... Visita a las empresas

4. ¿A qué se dedican? ¿Dónde trabajan? Construye frases para cada dibujo según el modelo.

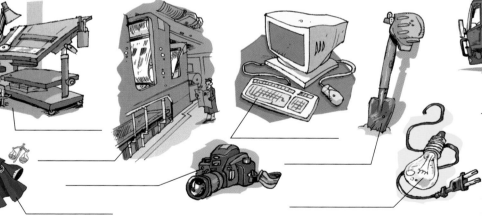

Javi
Carmen
Mercedes
Manolo
María
José
Rebeca
Guillermo
Ángel

1. *Javi es médico. Trabaja en un centro de salud.*
2. ....
   ....
3. ....
   ....
4. ....
   ....
5. ....
6. ....
   ....
7. ....
   ....
8. ....
   ....
9. ....
   ....

5. ¿Con qué profesiones relacionas estos objetos?

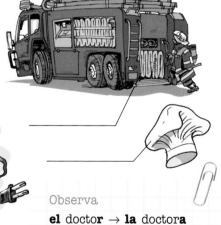

Observa

el docto**r** → **la** docto**ra**

el analista → **la** analista

el president**e** → **la** president**a**

el camarer**o** → **la** camarer**a**

6. Escribe el sustantivo del género contrario.

médico ....

albañil ....

enfermero ....

arquitecto ....

secretaria ....

informático ....

profesora ....

cocinera ....

dependienta ....

7. Sonia nos habla de sus amigos. Escucha y contesta a las preguntas

1. ¿A qué se dedica Fernando? ....

2. ¿Qué hace Paco en su trabajo? ....

3. ¿A qué hora empieza a trabajar Marisol? ....

4. ¿A qué hora sale de clase Miguel? ....

8. Observa los ejemplos y completa la ficha.

| un bombero ➡ tres bomberos | el albañil ➡ los albañiles |

| un análisis ➡ muchos análisis |

Si el singular termina en:	en el plural se añade:
vocal ⟶	....
consonante ⟶	....
-s ⟶	....

9. Completa con los nombres de oficios en plural.

1. Los .... curan a los enfermos. Cuando no funcionan los ordenadores llamamos a los ....

2. ¿Cómo se llaman las personas que venden en las tiendas? .... Los que venden fruta son ....; los que venden carne, ..., y los que venden pescado, ...

3. Los .... hacen muebles de madera. Trabajan con sus manos. Fabrican mesas, armarios y sillas.

11. Escucha estas palabras y completa con la letra que falta.

1. ...arpintero

2. pi...arra

3. ...on...uistador

4. ...oológi...o

5. ...arni...ero

6. pes...uero

7. informáti...o

8. medi...inas

9. ...apitán

10. ...o...inero

11. informa...ión

12. ...a...ador

13. farma...ia

10. Escucha estas palabras y clasifícalas según lleven sonido [k] o sonido [θ].

médico
cervecería
mecánico
zapatero
peluquero
academia
oficina
sacerdote
conductor
electricista

colegio
edificio
policía
fábrica
cura
tapicero
pescador
facultad
químico

sonido [k]	sonido [θ]
....	....
....	....
....	....
....	....
....	....
....	....
....	....
....	....
....	....
....	....

Observa y completa esta ficha con más ejemplos:

- Sonido [k]

  a, o, u → c: *médico...*

  e, i → qu: *químico...*

- Sonido [θ]

  a, o, u → z: *zapatero...*

  e, i, → c: *oficina...*

....

....

12. Lee los diálogos.

Óscar: Alfonso, te presento a Eva.
Alfonso: Hola, Eva, ¿qué tal?
Eva: Hola, encantada.

Alfonso: Eva, ¿estudias con Óscar?
Eva: Sí, somos compañeros de clase. Y tú, ¿estudias o trabajas?
Alfonso: Yo también estudio. Estoy en 4.º de Periodismo.

Óscar: Señor Muñoz, le presento a Julián Hernández.
Sr. Muñoz: Encantado.
Julián: Mucho gusto.

Sr. Muñoz: ¿Usted también trabaja aquí, en Construcciones Valparaíso?
Julián: No, no. Soy piloto de aviones. Trabajo en una compañía aérea.
Sr. Muñoz: ¡Qué interesante!
Julián: Bueno, como todos: levantarse temprano, trabajar muchas horas, ver poco a la familia...

■ Relaciona los personajes con el centro de estudios que les corresponde.
- Juan: "Yo estudio 2.º de Empresariales".   Colegio
- María: "Yo estudio 5.º de Educación Primaria".   Academia
- Pedro: "Yo estudio 4.º de la ESO".   Instituto
- Ana: "Yo he empezado a estudiar francés".   Facultad
- Lola: "Yo estudio 3.º de Magisterio".   Escuela universitaria

■ Fíjate en estos personajes y cuéntanos cómo crees que es un día normal en sus vidas.

Presente de indicativo

- Acciones habituales: *Todos los días me levanto a las siete.*

- Acciones que perduran en el tiempo: *Trabajo en el aeropuerto.*

Soy Alfredo y soy explorador ....
....
....

Soy Marcos; trabajo como editor en una revista ....
....
....
....

🎧 **13.** Esta mañana se ha cometido un robo en la casa de Carmen, la portera. Escucha las declaraciones de los vecinos y escribe el nombre de cada uno.

INFORME DE LA POLICÍA

El robo se comete esta mañana, viernes 9 de mayo, entre las 8 y las 9 h. El ladrón entra en la casa de Carmen, la portera, mientras ella está comprando en la panadería (nunca cierra la puerta con llave porque es una mujer muy confiada). El ladrón se lleva el correo que acaba de dejar el cartero y 650 € que había sobre la mesa.

Pistas:
- Una fotocopia de un libro de inglés
- Unas pinzas rosas de pelo
- Unos cabellos blancos (canas)

■ ¿Quién ha sido el ladrón? ¿Por qué crees que ha cometido el robo?

El ladrón es ....

....

....

....

....

....

....

....

....

....

....

....

....

....

....

....

....

....

....

....

....

....

PORTERÍA

NFORMACIÓN FUNCIONAL Y GRAMATICAL

Expresar la hora

¿Qué hora es?

Es *la* una	en punto.	Son *las* ocho	y media.
	y cuarto.		menos veinte.
	y veinte.		menos cuarto.

Son las doce **de la noche.**
Son las siete **de la tarde.**
Son las once **de la mañana.**

¿A qué hora...?

A *la* una y cuarto.
A *las* ocho y veinte.

De ocho a tres.

Preguntar por la profesión

¿A qué se dedican?
¿Qué hacen?
¿Dónde trabajan?

El sustantivo

El género

masculino	femenino	masculino y femenino
-o: *el médico*	-a: *la secretaria, la profesora, la silla*	-ista: *el / la electricista*
-e: *el peine*	-ción, -sión, -d: *la operación, la profesión, la felicidad*	-ente, -ante: *el / la paciente, el / la estudiante*
consonante: *el albañil*		
-or, -aje: *el doctor, el garaje*	¡Ojo!	¡Ojo!
¡Ojo!	*la mano, la radio, la moto*	*el presidente / la presidenta*
el tema, el problema		*el cliente / la clienta*

Algunos sustantivos expresan la diferencia de género con palabras distintas: *padre / madre; hombre / mujer; toro / vaca; caballo / yegua.*

El número

Si el singular termina en:	en el plural se añade:
consonante →	-es
profesor → *profesores*	
vocal →	-s
abogado → *abogados*	
-s- →	no cambia
crisis → *crisis*	

¡ojo!: *autobús* → *autobuses; francés* → *franceses*

Presente de indicativo

Verbos regulares

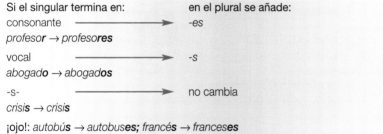

	1.ª CONJUGACIÓN TRABAJ-AR	2.ª CONJUGACIÓN COM-ER	3.ª CONJUGACIÓN VIV-IR
Yo	trabaj**o**	com**o**	escrib**o**
Tú	trabaj**as**	com**es**	escrib**es**
Él / ella / usted	trabaj**a**	com**e**	escrib**e**
Nosotros / nosotras	trabaj**amos**	com**emos**	escrib**imos**
Vosotros / vosotras	trabaj**áis**	com**éis**	escrib**ís**
Ellos / ellas / ustedes	trabaj**an**	com**en**	escrib**en**

Usos

– Acciones habituales:
  Todos los día me levanto a las siete.

– Acciones que perduran en el tiempo:
  Trabajo en el aeropuerto.

Lección 6 ¿Estudias o trabajas?

• Hablar de acciones habituales y de costumbres.
• Hablar de acciones que se realizan esporádicamente.
• Preguntar y hablar de la frecuencia con que hacemos las cosas.

1. Lee el correo electrónico que Sharon envía a sus amigos.

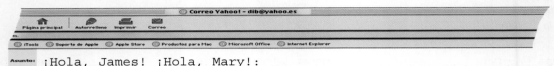

Asunto: ¡Hola, James! ¡Hola, Mary!:
Fecha:

Por fin encuentro un rato libre para escribir. Estoy todo el día ocupada porque trabajo hasta las 17:00 y después voy a las clases de español. Pero me encanta estar aquí, aunque duermo poco, porque me levanto temprano (a las 6:45) y me acuesto tarde (sobre las 11:30). ¿Que por qué me acuesto tan tarde? Porque aquí siempre hay algo que hacer: ir al cine o al teatro, cenar con algún amigo, dar un paseo o, simplemente, charlar con mis compañeros de piso.

■ Relaciona.

Sharon se levanta	hasta las 17:00.
Sharon se acuesta	temprano.
Trabaja	tarde.
Después de trabajar	estudia español.

■ Ordena los dibujos y escribe debajo de cada uno los verbos correspondientes.

despertarse - charlar con los amigos - desayunar - trabajar -
ir a clase de español - ducharse - cenar - acostarse - levantarse

2. Escucha lo que dice Pedro de sus compañeros de piso y escribe quién es quién.

■ Vuelve a escuchar lo que cuenta Pedro y completa con los verbos que faltan.

Vivo con tres amigos. En casa .... a horas distintas. Carlos .... muy temprano porque le gusta hacer un poco de deporte antes de ....; después .... y se va a trabajar. Pilar y yo .... a la misma hora, a las 7:30, pero hacemos cosas diferentes: a Pilar le gusta desayunar tranquilamente y leer el periódico; yo ...., me afeito, ... y me voy al trabajo. A Ana le encanta dormir, y como .... muy tarde también .... muy tarde: es la que mejor vive y la que más se divierte.

3. Fíjate en lo que hacen estas personas y forma frases para cada una de ellas.

- ....
- ....
- ....

4. Lee el correo del amigo de Sharon y contesta a las preguntas.

Asunto:
Fecha:

Querida Sharon:
¿Qué tal estás? Yo por aquí <u>estoy</u> muy bien. México D. F. es una ciudad fantástica.
Estudio sólo por las mañanas. <u>Tengo</u> la tarde libre, y por eso, <u>hago</u> muchas cosas. Los lunes, miércoles y viernes voy al gimnasio y también <u>juego</u> al tenis; esos días ceno en casa. Después de cenar, veo la tele con mis compañeros de piso, <u>oigo</u> música… Los martes voy al cine o al teatro (es el día del espectador y es más barato) y los jueves <u>salgo</u> a dar un paseo (por eso <u>conozco</u> ya bien la ciudad).
Los sábados por la mañana hacemos las tareas de casa. Mary nunca <u>quiere</u> limpiar, por eso ella hace la compra. Por la noche salgo de copas, voy a bailar o a alguna fiesta. Ese día <u>me acuesto</u> muy tarde y, claro, el domingo <u>duermo</u> toda la mañana. Es lo mejor de la semana.
Tienes que venir a vernos. Te adjunto un archivo con información sobre México. Te gustará.

John

1. ¿Cuándo estudia John? ....
2. ¿Qué hace los lunes, miércoles y viernes?
   ....
3. ¿Cuándo oye música? ....

4. ¿Qué hace los martes? ....
5. ¿Por qué Mary hace la compra?
   ....
   ....

■ Fíjate en los verbos subrayados del correo electrónico y completa la tabla con sus infinitivos.

estoy	→	estar
tengo	→	_____
hago	→	_____
juego	→	_____
oigo	→	_____

salgo	→	_____
conozco	→	_____
quiere	→	_____
me acuesto	→	_____
duermo	→	_____

5. Completa el diálogo con el verbo en la forma correcta.

✔ Juan, y tú, ¿cuántas horas duermes?

✔ Yo .... lo normal, más o menos ocho horas.

✔ ¿Te acuestas temprano?

✔ No, normalmente .... sobre las 24:00.

✔ ¿Qué es lo primero que haces al levantarte?

✔ Primero, ...: necesito tomar un café para despertarme; después .... y ....

✔ Y en tu casa, ¿quién .... y quién .... la compra?

✔ Yo, claro; vivo solo. Yo tengo que hacerlo todo.

✔ ¿Qué haces antes de acostarte?

✔ .... los dientes, ... un poco de agua y .... música; a veces, también ...., porque me relaja y me ayuda a dormir.

6. Habla con tu compañero. Hazle las mismas preguntas y escribe sus respuestas.

¿Cuántas horas duermes? ....

¿Te acuestas temprano? ....

¿Qué es lo primero que haces al levantarte? ....

Y en tu casa, ¿quién limpia y quién hace la compra? ....

¿Qué haces antes de acostarte? ....

7. En parejas. Escribid actividades que se hacen normalmente…

por la mañana ....

por la noche ....

de lunes a viernes ....

los miércoles ....

los sábados ....

Para expresar tiempo

por la { tarde / mañana / noche }

de lunes a viernes
de 8 h a 10 h

el / los { lunes / martes / miércoles / jueves / viernes / sábado / domingo }

8. Aquí tienes parte de tres agendas; una de ellas pertenece a Marta. Escucha y señala cuál es.

Lunes: comer con mamá; gimnasio
Martes: reunión en el centro social
Miércoles: inglés; cine
Jueves: gimnasio
Viernes: inglés; compra en el mercado

Lunes: inglés; visitar a mamá
Martes: gimnasio; biblioteca con Ángel
Miércoles: inglés; cine
Jueves: gimnasio
Viernes: reunión en el club; charlas sobre medio ambiente

Lunes: inglés; tenis
Martes: reunión en el centro social
Miércoles: inglés; compra en el mercado
Jueves: tenis; cita con Ángel
Viernes: inglés; club de cine: charlas

9. Este es el fichero adjunto que John le ha enviado a su amiga
Sharon sobre México. Léelo con atención.

México

La ciudad de México ofrece a los visitantes gran cantidad de lugares para ver
y actividades que realizar. En el centro de la ciudad hay muchos comercios y
magníficos restaurantes.

Puede pasear largo tiempo por sus calles y plazas. A lo largo del Paseo de la Reforma y Cha-
pultepec se encuentran los mejores hoteles, tiendas, museos y restaurantes de la ciudad.

- Puede disfrutar de la naturaleza y admirar paisajes de increíble belleza en algunos
lugares cercanos a la ciudad, como Tlalpan y Xochimilco (Parque Ecológico).

- A los amantes de los deportes les gustará ver el Estadio Olímpico (Juegos Olímpicos
de 1968) y el Estadio Azteca (finales de la Copa del Mundo de 1970 y 1986).

- Es hora de divertirse. Los niños y los jóvenes pueden disfrutar en alguno de los parques
de atracciones de la ciudad.

- Si le interesa la artesanía, visite el Mercado de San Juan o el de la Ciudadela, en el centro de la ciudad. El domingo, puede encontrar bellas obras de arte en el Jardín del Arte.

- México también cuenta con muchos clubes de espectáculos y discotecas donde disfrutar de noche. También puede pasar una agradable velada en el teatro o escuchando
música en el Auditorio Nacional.

█ Contesta a las preguntas.

a) ¿Dónde se encuentran los mejores hoteles de la ciudad? ....

b) ¿Adónde puedo ir a disfrutar de la naturaleza? ....

c) ¿Dónde está el Mercado de San Juan? ....

d) ¿Hay algún estadio de fútbol? ....

10. Pregunta a tu compañero con qué frecuencia realiza estas actividades.

	nunca	a veces	a menudo	normalmente	siempre
Pasear por el campo					
Ir a un partido de fútbol					
Ir al cine					
Visitar museos					
Hacer deporte					

11. John, nuestro amigo de México, te ha enviado este correo. Escríbele.

¡Hola! ¿Qué tal estás? ¿Ya hablas algo de español? Seguro que sí. ¿Qué tal te va
la vida? Ya sé que de lunes a viernes estudias mucho y tienes poco tiempo para
divertirte, pero los fines de semana sí tienes tiempo, ¿verdad? ¿Qué haces los sábados y los domingos? ¿Cómo es un día normal para ti? Escríbeme y cuéntame.
Un abrazo.

🎧 **12.** Escucha y completa el horario de clase de Laura.

Hora	Lunes	Martes	Miércoles	Jueves	Viernes	Sábado	Domingo
9:00-10:30							
10:30							
11:00-12:30							
12:30-13:30							

😊 ▌Ahora, en parejas, elaborad el horario ideal para una semana cualquiera.

🎧 **13.** Escucha esta entrevista y completa la ficha con los datos necesarios.

Nombre: ....

Apellidos: .... Edad: ....

Lugar de nacimiento: .... Nacionalidad: ....

Profesión: ....

Trabajo actual – Descripción ....
....

Horario de trabajo ....

Idiomas ....

Tiempo disponible

Lunes		Miércoles			Sábado	Domingo

Horario: de .... a ....

Aficiones: ....

Labores:

☐ Escribir cartas.
☐ Pasear con los ancianos.
☐ Conseguir dinero.
☐ Enseñar español a inmigrantes.
☐ Curar a los enfermos.
☐ Cocinar y repartir comida.
☐ Solucionar problemas legales.
☐ Informar sobre las actividades de la ONG.
☐ Hacer reparaciones en las casas.
☐ Visitar a los enfermos.

NFORMACIÓN FUNCIONAL Y GRAMATICAL

Presente de indicativo. Verbos irregulares

1. Irregularidades vocálicas

E > IE QUERER	E > I PEDIR	O > UE PODER	U > UE JUGAR
quier-o	pid-o	pued-o	jueg-o
quiere-s	pid-es	pued-es	jueg-as
quier-e	pid-e	pued-e	jueg-a
quer-emos	ped-imos	pod-emos	jug-amos
quer-éis	ped-ís	pod-éis	jug-áis
quier-en	pid-en	pued-en	jueg-an

2. Irregularidades consonánticas en la primera persona de singular

A > AIG TRAER	C > G HACER	N > NG PONER	L > LG SALIR
traig-o	hag-o	pong-o	salg-o
tra-es	hac-es	pon-es	sal-es
tra-es	hac-e	pon-e	sal-e
tra-emos	hac-emos	pon-emos	sal-imos
tra-éis	hac-éis	pon-éis	sal-ís
tra-en	hac-en	pon-en	sal-en

3. Doble irregularidad: consonántica y vocálica

TENER	DECIR	OÍR	VENIR
teng-o	dig-o	oig-o	veng-o
tien-es	dic-es	oy-es	vien-es
tien-e	dic-e	oy-e	vien-e
ten-emos	dec-imos	o-ímos	ven-imos
ten-éis	dec-ís	o-ís	ven-ís
tien-en	dic-en	oy-en	vien-en

Verbos reflexivos y pronominales

Siempre van acompañados de un pronombre.

	DUCHARSE	LAVARSE	AFEITARSE	PEINARSE
Yo	me ducho	me lavo	me afeito	me peino
Tú	te duchas	te lavas	te afeitas	te peinas
Él / ella / usted	se ducha	se lava	se afeita	se peina
Nosotros / nosotras	nos duchamos	nos lavamos	nos afeitamos	nos peinamos
Vosotros / vosotras	os ducháis	os laváis	os afeitáis	os peináis
Ellos / ellas / ustedes	se duchan	se lavan	se afeitan	se peinan

	DESPERTARSE E>IE	LEVANTARSE	ACOSTARSE O>UE	DORMIRSE O>UE
Yo	me despierto	me levanto	me acuesto	me duermo
Tú	te despiertas	te levantas	te acuestas	te duermes
Él / ella / usted	se despierta	se levanta	se acuesta	se duerme
Nosotros / nosotras	nos despertamos	nos levantamos	nos acostamos	nos dormimos
Vosotros / vosotras	os despertáis	os levantáis	os acostáis	os dormís
Ellos / ellas / ustedes	se despiertan	se levantan	se acuestan	se duermen

Expresar tiempo

por la { tarde / mañana / noche

el / los { lunes / martes / miércoles / jueves / viernes / sábado(s) / domingo(s)

de día / **de** noche
de lunes **a** viernes
de 8 h **a** 10 h

Expresar frecuencia

Nunca
A veces —
A menudo ↑↓
Normalmente
Siempre +

Lección 7 ¡Ya voy!

- Elegir el medio de transporte idóneo.
- Preguntar y dar el precio de un medio de transporte.
- Preguntar e informar sobre la distancia en tiempo y espacio.
- Hablar por teléfono (I).

1. Observa este mapa de España.

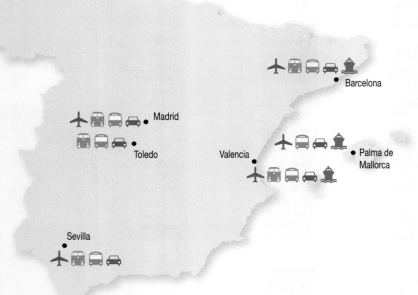

■ ¿Qué medios de transporte hay para ir de una ciudad a otra?

De Madrid a Barcelona puedes ir en

....

De Madrid a Palma de Mallorca puedes ir en ....

....

De Madrid a Sevilla puedes ir en

....

De Barcelona a Sevilla puedes ir en

....

De Barcelona a Valencia puedes ir en

....

De Barcelona a Palma de Mallorca puedes ir en ....

De Valencia a Palma de Mallorca puedes ir en ....

De Toledo a Madrid puedes ir en

....

2. ¿Qué medio de transporte te parece más...?

rápido / lento: .... / ....

seguro / inseguro: .... / ....

barato / caro: .... / ....

cómodo / incómodo: .... / ....

Viajar / ir en ...
Ir a pie / ir andando

3. ¿Sabes cómo se llaman estos otros medios de transporte para viajar por una ciudad?

....

■ ¿Cuál o cuáles utilizas habitualmente? ....

4. Aquí tenéis información sobre la distancia aproximada entre estas ciudades y el tiempo que se tarda en llegar. No mires el cuadro de tu compañero y pregúntale la información que te falta; él hará lo mismo.

Ej.:

A: ¿A qué distancia está Madrid de Sevilla?   **A:** ¿Y en coche?
B: A 540 kilómetros.   **B:** A 4 horas y 50 minutos.
A: ¿Y a cuánto tiempo está en avión?
B: A 1 hora.

ALUMNO A

	Barcelona	Madrid	Palma de Mallorca	Sevilla	Toledo
Madrid	.... 🚆 5 h / ✈ 1 h 10 min 🚗 6 h				
Palma de Mallorca	220 km ✈ 45 min / 🚢	630 km ✈			
Sevilla	1.000 km 🚆 .... / ✈ 1 h 25 min 🚗 9 h 30 min	540 km 🚆 .... / ✈ 1 h 🚗 4 h 50 min	940 km ✈ No hay		
Toledo	700 km 🚆 No hay / ✈ No hay 🚗 6 h	75 km 🚆 1 h 20 min / ✈ No hay 🚗 50 min	700 km ✈ No hay	450 km 🚆 .... / ✈ No hay 🚗 4 h 30 min	
Valencia	350 km ✈ 1 h 5 min 🚗 3 h / 🚆 3 h 🚢 No hay	350 km ✈ 1 h 5 min 🚗 3 h 12 min / 🚆 3 h 30 min	270 km ✈ 55 min / 🚢 4 h	660 km ✈ 1 h 5 min 🚗 6 h 10 min / 🚆	370 km ✈ No hay 🚗 .... / 🚆 No hay

ALUMNO B

	Barcelona	Madrid	Palma de Mallorca	Sevilla	Toledo
Madrid	615 km 🚆 5 h / ✈ .... 🚗 6 h				
Palma de Mallorca	.... ✈ 45 min / 🚢 3 h 45 min	630 km ✈ 1 h 15 min			
Sevilla	1.000 km 🚆 7 h 15 min / ✈ .... 🚗 9 h 30 min	540 km 🚆 2 h / ✈ 1 h 🚗 4 h 50 min	940 km ✈ No hay		
Toledo	700 km 🚆 No hay / ✈ No hay 🚗 6 h	75 km 🚆 .... / ✈ No hay 🚗 50 min	700 km ✈ No hay	450 km 🚆 No hay / ✈ No hay 🚗 4 h 30 min	
Valencia	350 km ✈ 1 h 5 min 🚗 3 h / 🚆 3 h 🚢	350 km ✈ 1 h 5 min 🚗 3 h 12 min / 🚆	270 km ✈ .... / 🚢 4 h	.... ✈ 1 h 5 min 🚗 6 h 10 min / 🚆 6 h 10 min	370 km ✈ No hay 🚗 3 h 30 min / 🚆 No hay

5. A partir de los datos anteriores responde a estas preguntas.

¿Qué ciudad está más cerca de Madrid? ....

¿Y de Valencia? ....

¿Y de Barcelona? ....

¿Qué ciudad está más lejos de Madrid? ....

¿Y de Sevilla? ....

¿Y de Toledo? ....

¿Sabes cómo se llama el tren rápido que hace el trayecto Madrid-Sevilla? ....

¿Qué tienes que hacer para ir en tren de Sevilla a Toledo? ....

De **Madrid** a **Toledo** hay 75 km.

6. Te presentamos a Miguel y a Gema. Lee el texto.

Miguel y Gema son dos estudiantes que viven en Barcelona. Esta semana terminan sus exámenes de fin de curso y para celebrarlo quieren ir a pasar el fin de semana a Madrid. No tienen mucho dinero, así que han pensado en ir a casa de su amigo Jorge, que tiene una habitación libre en su piso del centro de Madrid.

▌ Lo primero que hacen es ir a una agencia de viajes para conocer el precio del viaje. Escucha y completa el cuadro.

Medio de transporte	Tipo de billete (ida o ida y vuelta)	Clase	Fecha de salida	Precio / trayecto	Precio ida y vuelta

▌ Teniendo en cuenta toda la información que conoces, ¿qué medio de transporte crees que van a utilizar? ¿Por qué?

7. Pero para preparar el viaje, Miguel tiene que hacer unas llamadas de teléfono. Escucha y lee.

1.
A: ¿Dígame?
B: Hola, ¿está Gema?
A: Se ha equivocado de teléfono.
B: Lo siento, perdone.

4.
A: Buenas tardes, lo atiende Pepa García, ¿en qué puedo ayudarlo?
B: Buenas tardes, por favor, ¿me da el número de Seguros La Tranquilidad?
A: Tome nota. El número solicitado es 91 2295353.

2.
A: ¿Sí?
B: Hola, ¿está Gema?
A: Sí, ¿de parte de quién?
B: De Miguel.
A: Un momento, ahora se pone.

3.
A: (Comunica).

5.
A: Seguros La Tranquilidad, ¿dígame?
B: Por favor, ¿me puede poner con Jorge Aguirre?
A: Un momento [...]. Lo siento, señor, no está. ¿Quiere dejarle algún recado?
B: No, gracias. Volveré a llamar.

8. Relaciona los diálogos que vas a escuchar con estas situaciones.

a) La persona está ocupada. ☐
b) Le piden que se identifique. ☐
c) Se ha equivocado de teléfono. ☐
d) Quiere dejar un recado. ☐

9. Practicad estas situaciones.

ALUMNO B

Tu teléfono es el 91 2754212

1. Recibes una llamada equivocada y te molesta la insistencia de la otra persona.

2. Llamas a casa de Julián pero te dicen que no puede ponerse. Insistes, porque es importante.

ALUMNO A

Tu teléfono es el 91 2780316

1. Llamas al 91 2754212, preguntas por un viejo amigo, te dicen que te has equivocado y quieres saber cuál es el error.

2. Preguntan por tu compañero de piso, Julián. Está dormido y no quieres molestarle.

10. Miguel por fin puede hablar con Jorge. Escucha la conversación y completa con la forma correcta de *ir* o *venir*.

M: Hola, Jorge, soy Miguel, ¿qué tal?

J: Hola, Miguel. Muy bien, ¿y tú?

M: Muy bien. Mira, Gema y yo estamos pensando en .... a visitarte.

J: ¿De verdad? Fenomenal. ¿Cuándo ....?

M: El próximo fin de semana. ¿Te parece bien o te .... a algún sitio?

J: No, no, no .... a ningún sitio. .... en avión, ¿no?

M: Sí, para aprovechar mejor el tiempo.

J: Pues .... a buscaros al aeropuerto.

M: ¿Seguro que puedes ....? Si no, ... a tu casa en taxi.

J: No, no, ... yo.

M: ¿Y tú? ¿Cuándo .... a Barcelona?

J: Quién sabe. Lo mismo me .... con vosotros.

Ir	Venir
voy	vengo
vas	vienes
va	viene
vamos	venimos
vais	venís
van	vienen

11. ¿Entiendes la diferencia entre *ir* y *venir*?

❚ Completa las viñetas con las formas verbales de *ir* o *venir*.

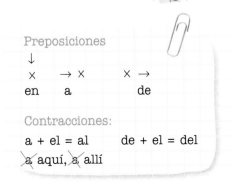

12. Completa las frases con las preposiciones o contracciones que faltan.

– ...... Barcelona ...... Madrid hay 600 km aproximadamente.

– Esta tarde estoy ...... la oficina, pero mañana voy ...... cine.

– ¿Puedes traer una botella ...... allí?

– Mi madre no está ...... casa. Viene ...... trabajo a las 7.

– Ella viene ...... aquí todos los días.

– ¿...... dónde viene ese tren?

Preposiciones
↓
×   → ×   × →
en   a   de

Contracciones:
a + el = al   de + el = del
a̶ aquí, a̶ allí

13. En la lección han aparecido bastantes nombres y apellidos que contienen los sonidos [g] y [x]. Escucha y escribe las palabras en el lugar correspondiente.

[g] ga, gue, gui, go, gu	[x] ja, je, ji, jo, ju, ge, gi

Delante de *e*, *i* las letras *g* y *j* se pronuncian igual.

Debes recordar cómo se escriben las palabras: con *ge*, *gi* o con *je*, *ji*.

14. Mira este plano del metro de Madrid.

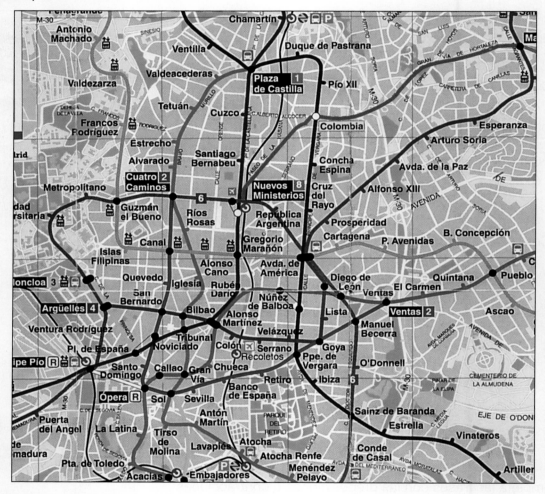

– ¿Desde dónde sale el metro que va al aeropuerto? ....

– Escribe dos formas para ir en metro de la plaza de toros de Las Ventas a la plaza de España:

a) ....

b) ....

– ¿Cuántas paradas hay con cada uno de estos recorridos? ....

– ¿Cómo puedes recorrer el parque del Retiro? ....

– ¿Cuántas estaciones de cercanías se ven en el plano? ....

INFORMACIÓN FUNCIONAL Y GRAMATICAL

Medios de transporte

Viajar en / Ir en | avión
tren
coche
bici

Ir a pie o ir andando

Hablar por teléfono

A: *¿Dígame? / ¿Sí?*
B: *Buenos días, ¿está Gema?*
A: *–Se ha equivocado de teléfono.*
  –Sí, un momento. Ahora se pone.
  –¿De parte de quién?
  –Ahora no puede ponerse.
  –No está. ¿Quiere dejar algún recado?

Expresar distancia en espacio y tiempo

A: *¿A qué distancia está Madrid de Sevilla?*
B: *A 520 kilómetros.*
A: *¿Y a cuánto tiempo está en avión?*
B: *A una hora.*

	IR	VENIR
Yo	voy	vengo
Tú	vas	vienes
Él / ella / usted	va	viene
Nosotros / nosotras	vamos	venimos
Vosotros / vosotras	vais	venís
Ellos / ellas / ustedes	van	vienen

Adverbios y preposiciones de lugar

Cerca (de) / lejos (de)
↓   ↓
aquí   →   allí
↓
en   de →   → a

~~a~~ aquí, ~~a~~ allí

Representación de [g], [x]

[g] → ga, gue, gui, go, gu
[x] → ja, je, ji, jo, ju
     ge, gi
ge, gi → la *g* suena fuerte
gue, gui → la *g* suena suave. La *u* se escribe pero no
          se pronuncia

Contracciones

a + el = al   de + el = del

Voy al supermercado.
Vengo del banco.

Lección 8 ¿Cómo te gusta viajar?

- Preguntar y decir fechas y horarios.
- Mantener conversaciones en la recepción de un hotel.
- Pedir algo y pedir prestado.
- Disculparse y dar explicaciones.

1. Escucha los diferentes mensajes y después completa los diálogos.

Voy a llegar más tarde porque el vuelo sale ....
¿Que por qué? ....
.... Dicen que ....

Que ....
....
....

¿Qué ha dicho sobre otro autobús?

Vamos, rápido.

¿Por qué vamos tan rápido?

Porque ....

Ahora contesta a las preguntas..

¿Dónde va Silvia? ....

¿Cuántas horas tiene que esperar? ....

¿Dónde van Arturo y Carlos? ....

¿Qué tienen que hacer cuando lleguen a la estación de autobuses?
....
....

¿Adónde va la familia Martínez? ....

¿En qué vía está estacionado el tren? ....

2. Completa estas oraciones con las palabras adecuadas.

> maleta / vía   facturar el equipaje / andén / equipaje
> pasajeros / puerta de embarque / azafatas

1. El tren con destino Madrid-Atocha se encuentra estacionado en la .... 3.

2. .... del vuelo Ma-980 con destino Barcelona, diríjanse a la .... n.º 40

3. Si necesitan cualquier cosa, pregunten a nuestras .... Ellas los ayudarán.

4. Tienen que estar una hora antes en el aeropuerto para ....

5. Hemos quedado con Ana en el .... del AVE.

6. -¿Dónde está tu ....?

   -Yo sólo he traído esta ....

3. Silvia ya está en la residencia de estudiantes. Este es el calendario académico.

Periodo lectivo:

Primer cuatrimestre:

- Comienzo de las clases: 29 de septiembre de 2005
- Final de las clases: 23 de enero de 2006
- Exámenes: del 24 de enero al 13 de febrero de 2006

Segundo cuatrimestre:

- Comienzo de las clases: 16 de febrero de 2006
- Final de las clases: 4 de junio de 2006
- Exámenes: del 5 al 30 de junio de 2006

Convocatoria de septiembre:

- Exámenes: del 1 al 20 de septiembre de 2006

Estudios de Doctorado:

Cursos y Trabajos de investigación tutelados:

- del 1 de octubre de 2005 al 30 de junio de 2006
- Entrega de actas: hasta el 14 de julio de 2006

Periodo no lectivo:

- Navidad: del 23 de diciembre de 2005 al 7 de enero de 2006 (ambos inclusive)
- Semana Santa: del 5 al 12 de abril de 2006 (ambos inclusive)
- Verano: del 1 a 31 de agosto de 2006

▌Ayuda a Silvia: completa y anota las fechas importantes.

Año académico 20_ _ / _ _

S_____	D_____	M_____	J_____
....	....	....	....
....	....	....	....
....	....	....	....
O_____	E_____	A_____	J_____
....	....	....	....
....	....	....	....
....	....	....	....
N_____	F_____	M_____	A_____
....	....	....	....
....	....	....	....
....	....	....	....

4. Fechas importantes. Habla con tu compañero. Pregúntale por estas fechas.

- Cumpleaños.
- Fiesta nacional.
- Fiesta local.
- Vacaciones de verano.
- Aniversario (de boda, de graduación…)

Para preguntar por fechas determinadas

¿Cuándo es la Semana Santa?
¿Qué día es la Fiesta de la Hispanidad?

5. Carlos y Arturo han llegado a su hotel. Escucha la conversación y completa la ficha.

Fecha de llegada: ....
Fecha de salida: ....
Habitación: ....
Pensión: ....

Desayuno:

- 7:30 a 8.00   - 8:00 a 8:30
- 8:30 a 9:00   ....

Servicios:
• Comida: días y horas
....
....

• Cena: días y horas
....

• Lavandería ....
• Excursiones
– La Isla de la Toja   SÍ   NO
– Santiago de Compostela   SÍ   NO

Para pedir algo

Usted	Tú
-¿Puede + inf...?	¿Puedes + inf...?

Algo que no se devuelve
| ¿Me da + sust.? | ¿Me das + sust.? |

Algo que se devuelve
| ¿Me deja + sust.? | ¿Me dejas + sust.? |

■ Ahora lee parte de la conversación en el hotel y completa. Después escucha y comprueba.

Recepcionista: ¿...................... su DNI, por favor?
Carlos: Sí, claro. Tenga.
R: Muchas gracias.
    Los desayunos se sirven de ....
    [...]
R: ¿A qué excursión van a ir?
Arturo: A la de Santiago de Compostela ....
....
R: Sí, tengan. Por último, ¿van a necesitar el servicio de lavandería?
C: No, no.
    Por favor, ...
....

R: Tengan. Bueno, ya está todo. Aquí está su llave: habitación 536. Firmen aquí, por favor.
A: ....
R: Tenga, puede quedarse con él.
A: Muchas gracias.
R: ¿Necesitan algo más?
C: Sí, ... este billete en monedas?
    Es para el teléfono.
R: Lo siento, ahora no tengo cambio.
C: Arturo, ¿................................. para el teléfono?
A: Yo tampoco tengo monedas. Pero toma, ...
    .... Llama desde aquí.

6. Has decidido hacer una excursión por la costa. Necesitarás llevarte algunas cosas. Pide a tu compañero lo que no tienes.

Alumno B

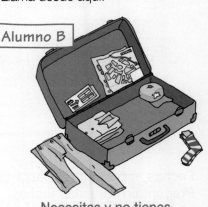

Alumno A

Necesitas y no tienes
☐ gorra
☐ pastillas para el mareo
☐ billetes del autobús
☐ plano de la zona

Justificarse, dar explicaciones
Lo siento; es que solo tengo una toalla.

Necesitas y no tienes
☐ bañador
☐ crema para el sol
☐ gafas de sol
☐ toalla

7. La familia Martínez va a buscar a unos amigos a una ciudad cercana a Sevilla. Lee las indicaciones y señala en el plano el recorrido.

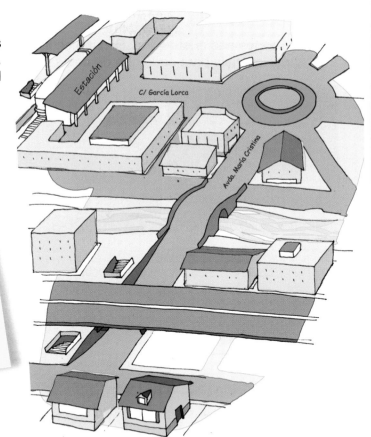

Enfrente de la estación está la calle García Lorca. Sigue recto hasta la rotonda. Allí tomas la 1.ª calle a la derecha: es la avenida M.ª Cristina. Baja la calle, cruza el puente y continúa hasta pasar un subterráneo. El siguiente cruce es nuestra calle.

8. *¿Por* o *para?* Completa con la preposición adecuada.

1. -¿Cómo se va a tu casa?
   -Tenemos que ir .... el parque. Es el camino más corto.

2. -¿Qué hay que hacer .... reservar un taxi?
   -Llamar la noche anterior a la central de taxis.

3. -¿............ ir al aeropuerto?
   -Tiene que ir .... la autopista.

4. -¿Adónde voy .... este subterráneo?
   -Vas a la autovía Madrid-Barcelona.

9. Completa este diálogo con las frases del cuadro. Después, escucha y comprueba.

Marta: ....
....

Taxista: De acuerdo. ¿A qué altura?
Marta: ....
....

Taxista: Ah, sí, ya sé.
Marta: Mire, ...
....

Taxista: Sí, no se preocupe.

Taxista: ¿Dónde los dejo?
Marta: ....

Taxista: ¿Aquí?
Marta: Sí, sí, aquí está bien. ....

Taxista: 10,25.

–Al número 47; esquina con Jorge Luis Borges.

–En la próxima esquina, por favor.

–¿Cuánto es?

–Vamos a la calle Pablo Neruda, por favor.

–Solo tengo un billete de 50. ¿Tiene cambio?

10. A todos nos gusta viajar. Pensad en la época, en el medio de transporte y en las cosas que os llevaríais para cada uno de estos destinos.

Punta Cana
República Dominicana.

*Calle Alcalá
Madrid.*

Pirineo aragonés
Huesca.

Destino	Época adecuada	Medio de transporte	Objetos
....	....	....	....
....	....	....	....

11. Lee con atención y explica el significado de las palabras marcadas.

	TRANSP. NUM. VUELO CARRIER/FLIGHT	CLASE/FECHA	HORA
Ida y vuelta	IB789	turista / 15may	0915
A/TO Barcelona	REVALIDACIÓN / REVALIDATION	22may	2030

Hotel Gaudi ***
C/ La piedra verde, 35
Reserva
Nombre: Sonia Bodas
Tipo de habitación: doble
Régimen: media pensión
Entrada: 15 de mayo
Salida: 22 de mayo
Precio: una semana: 470 € / persona

■ Ahora, elaborad en parejas un plan de viaje.

PLAN DE VIAJE

Destino: ....
Día de salida: ....
Día de regreso: ....
Medio de transporte: ....
Tipo de billete: ....
Encuentro en el aeropuerto: ....

Hora de salida: ....
Número de vuelo: ....
Alojamiento: ....
Tipo de habitación: ....
Régimen: ....
Posibles actividades: ....

NFORMACIÓN FUNCIONAL Y GRAMATICAL

Para preguntar por fechas y horarios

*¿**Cuándo es** la Semana Santa?*
Del día X al día X.

*¿**Qué día es** la Fiesta de la Hispanidad?*
El 12 de octubre.

*¿**A qué hora** sale el tren?*
A las 10:00 en punto.

Para pedir algo

	USTED	TÚ
	-¿Puede + inf…?	*¿Puedes + inf…?*
Algo que no se devuelve		
	¿Me da + sust.?	*¿Me das + sust.?*
Algo que se devuelve		
	¿Me deja + sust.?	*¿Me dejas + sust.?*

Expresar fechas

¿Cuándo es tu cumpleaños?
*Es **en** enero.*
*Es **el** (lunes) 24 **de** marzo **de** 2005.*
*Es **en** primavera.*

¿Qué día es hoy?
*Hoy es (lunes) 24 **de** marzo.*

Los meses

enero	julio
febrero	agosto
marzo	septiembre
abril	octubre
mayo	noviembre
junio	diciembre

Las estaciones

La primavera
El verano
El otoño
El invierno

Justificarse, dar explicaciones

Lo siento; es que …

Llegas tarde.

Lo siento, es que me he dormido.

Por / para

Para → finalidad.
Compra algo para cenar.

Por → lugar a través de.
Tiene que bajar por el Paseo del Prado.

En el taxi

- *(Vamos) a la calle Serrano, esquina con ……….*
- *¿Dónde los dejo?*
- *¿Qué le debo / cuánto es?*
- *¿Puede dejarme en la esquina, por favor?*
- *¿Tiene cambio de 50 euros?*

Lección 9 Esta es mi familia

- Expresar relaciones de parentesco.
- Describir personas mediante sus características físicas.
- Presentar a otra persona.

1. Hoy se casan Paco y María. Observa el árbol genealógico de sus familias, lee las pistas y completa los nombres que faltan.

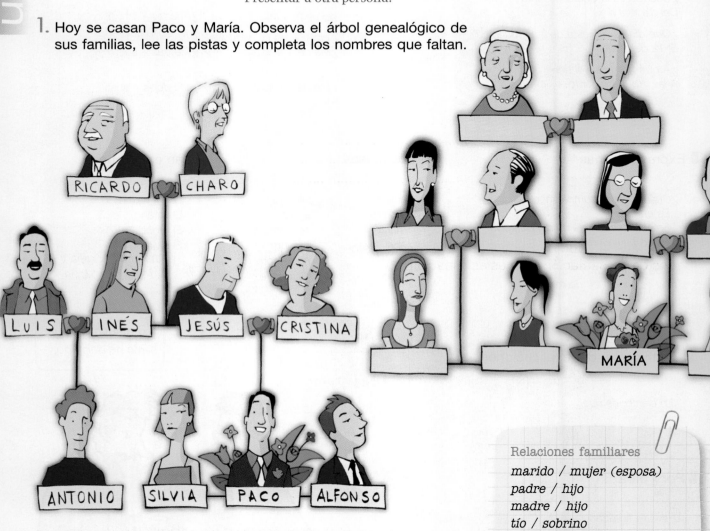

Relaciones familiares

marido / mujer (esposa)
padre / hijo
madre / hijo
tío / sobrino
abuelo / nieto

PISTAS

Jesús es el padre de Paco.
Cristina es la madre de Paco.
Silvia es la hermana de Paco.
Charo es la abuela de Paco.
Ricardo es el abuelo de Paco.
Inés es la tía de Paco.
Luis es el marido de Inés.
Antonio es el primo de Paco.
Alfonso es el hijo de Jesús y Cristina.

Ángel es el padre de María.
Maribel es la madre de María.
África es la hermana de María.
Marisa es la abuela de María.
Joaquín es el abuelo de María.
Chema es el tío de María.
Patricia es la mujer de Chema.
Pili es la prima de María.
Ana es la hija de Chema y Patricia.

 2. Pregunta a tu compañero y haz el árbol genealógico de su familia. Lee el ejemplo.

–¿Tienes hermanos?

–Sí, dos.

–¿Cómo se llaman?

–Andrew y George.

3. Escucha y lee cómo se presentan los familiares de Paco y de María en su boda y completa la ficha.

África: Hola, Pili.
Pili: Hola, África, ¿qué tal?
África: Bien, mira, te presento a Silvia, la hermana de Paco.
Pili: Hola, encantada.
Silvia: Igualmente.

Jesús: Hola, Inés. Mira, éste es Chema, el tío de María.
Inés: Hola, ¿qué tal?
Chema: Encantado de conocerte.

Charo: Ricardo, te presento a Patricia, la tía de María.
Ricardo: Mucho gusto.
Patricia: Encantada.

Fórmulas para presentar a otra persona:

....
....
....
....

Fórmulas para responder:

....
....
....

4. Estáis en la boda de Paco y María. Escribid diálogos de presentación para estas situaciones.

a.

Jorge y Ángela
Marido y mujer. Ella es amiga de África.

África
Amiga de Ángela y hermana de María.

....
....
....
....
....

b.

Jaime y Teresa
Marido y mujer. Él es amigo de Santiago.

Santiago
Amigo de Jaime.

....
....
....
....
....

c.

Raúl y Alicia
Novios. Él es compañero de María y amigo del padre Isidro.

Padre Isidro
Amigo de Raúl y cura de la boda.

....
....
....
....
....

▍Ahora, representadlos.

5. Escucha y lee esta conversación y completa con los posesivos correctos.

Padre Isidro: Hola, Silvia. ¿Qué tal?

Silvia: Bien, padre. Mire, este es …… hermano Alfonso.

Padre Isidro: Encantado de conocerte.

Alfonso: Igualmente.

Padre Isidro: Te pareces mucho a …… hermano Paco y a aquella señora alta con el pelo corto y blanco que lleva gafas.

Alfonso: Sí, es que es ………… abuela. Se llama Charo.

Padre Isidro: Ah, y ………… abuelo, ¿quién es?

Silvia: Es ese señor bajito y un poco gordo que está detrás de usted.

Padre Isidro: ¿El moreno?

Silvia: No, el calvo que está hablando con esa chica rubia con el pelo largo y los ojos azules.

Padre Isidro: Ah, sí. Esa chica es ……… hermana, Elena. Es compañera de ………… hermano.

Alfonso: ¡Anda!, pues ……… jefe es Jorge, aquel señor delgado que tiene barba y bigote.

Padre Isidro: Sí, ya lo conozco.

6. ¿Qué significan *este/-a, ese/-a* y *aquel / aquella*? Vuelve e leer la conversación anterior y observa el dibujo. Después, completa las fichas.

Posesivos	
Singular	Plural
mi	mis
tu	tus
su	sus
nuestro/-a	nuestros/-as
vuestro/-a	vuestros/-as
su	sus

Próximo al hablante:

....

Lejano al hablante:

....

Lejano al hablante y al oyente:

....

7. Lee y señala qué cosas elige esta pareja para su casa.

Queremos **esta** mesa.

Queremos **ese** cuadro.

Queremos **aquellas** sillas

8. Relaciona los personajes y las expresiones. Recuerda las descripciones del ejercicio 5.

a) ser rubio/-a ......

b) ser moreno/-a ......

c) ser alto/-a ......

d) ser bajo/-a ......

e) ser / estar delgado/-a ......

f) ser / estar gordo/-a ......

g) ser / estar calvo/-a ......

h) llevar gafas ......

i) tener / llevar bigote ......

j) tener / llevar barba ......

k) tener el pelo blanco ......

l) tener / llevar el pelo largo ......

m) tener / llevar el pelo corto ......

n) tener los ojos azules ......

1 **2** **3** **4**

9. Escribe la descripción de alguien de la clase. Después díctasela a tu compañero. Él tiene que dibujar su retrato y adivinar quién es.

Descripción

■ Ahora, dibuja tú el retrato que te dicte tu compañero. ¿Quién es?

Los adjetivos concuerdan en género y número con el nombre al que acompañan.

Mi compañero es alto.
Mi compañera es alta.
Mis compañeros son altos.
Mis compañeras son altas.

10. Escucha y fíjate en la pronunciación de *r* y *rr*.

Rodolfo es el mayor de tres hermanos. Él es moreno, pero sus hermanos son rubios. Su padre se llama Álvaro y es profesor de literatura, por eso su casa está llena de estanterías con libros. Su madre, Rebeca, es cocinera en un restaurante. Rodolfo y sus hermanos tienen un perro llamado Roco, que fue un regalo del Día de Reyes.

■ ¿Cuántos sonidos diferentes representan *r* y *rr*? .... ¿Cuáles son? ....

11. ¿Cómo se escriben los sonidos anteriores? Completa la tabla.

	Sonido débil	Sonido fuerte
Entre vocales		
A principio de palabra		
A final de palabra		
Antes de consonante		

■ Vuelve a escuchar la audición y lee el texto en voz alta.

12. Observa los retratos de la dinastía de los Borbones. Lee las pistas y averigua a qué rey pertenece cada retrato.

- *Felipe V* nace en 1683 en Versalles. Su abuelo es el rey francés Luis XIV. Hereda el trono español al morir Carlos II (último monarca de la casa de Austria en España) sin hijos.

- *Luis I*, primer Borbón nacido en España en 1707. Hijo de Felipe V y de su primera esposa, María Luisa de Saboya.

- *Fernando VI* nace en 1713 en Madrid. Es el tercer hijo de Felipe V y de su primera esposa, María Luisa de Saboya.

- *Carlos III* nace en Madrid en 1716. Es hijo de Felipe V y de su segunda esposa, Isabel de Farnesio.

- *Carlos IV* nace en 1748 en Nápoles. Hijo de Carlos III y de María Amalia de Sajonia.

- *Fernando VII* nace en El Escorial en 1784. Es el tercer hijo de Carlos IV y de María Luisa de Parma.

- *Isabel II* nace en 1830 en Madrid; es hija de Fernando VII y de María Cristina de Borbón.

- *Alfonso XII* nace en Madrid en 1857, hijo de la reina Isabel II y de Francisco de Asís.

- *Alfonso XIII* nace en 1886 en el Palacio Real de Madrid. Hijo de Alfonso XII y de María Cristina de Habsburgo-Lorena.

- *Juan Carlos I* nace en Roma el 5 de enero de 1938. Segundo hijo de Don Juan de Borbón y Battenberg y de Doña María de las Mercedes de Borbón y Orleans. Nieto de Alfonso XIII.

Padre de Isabel II

Hermano de Fernando VI

Abuelo de Fernando VII

Nieto de Alfonso XIII

Nieto de Luis XIV

Abuela de Alfonso XIII

Nieto de Fernando VII

Tercer hijo de Felipe V

Hijo de Alfonso XII

Hijo de Carlos III

¿Observas algún parecido entre los retratos? Haz una descripción física general de los reyes.

NFORMACIÓN FUNCIONAL Y GRAMATICAL

Presentar a otra persona

Fórmulas para presentar	Fórmulas para responder
Te presento a Silvia.	*Encantado/-a (de conocerte).*
Ésta es Silvia.	*Mucho gusto.*
	Igualmente.

Hola, Luis, te presento a Carmen.

Encantado de conocerte.

Igualmente.

Adjetivos posesivos

PERSONA Y NÚMERO	SINGULAR	PLURAL
1.ª singular	mi	mis
2.ª singular	tu	tus
3.ª singular	su	sus
1.ª plural	nuestro /-a	nuestros /-as
2.ª plural	vuestro /-a	vuestros /-as
3.ª plural	su	sus

Demostrativos

	MASCULINO SINGULAR	FEMENINO SINGULAR	MASCULINO PLURAL	FEMENINO PLURAL
Próximo al hablante	este	esta	estos	estas
Lejano al hablante	ese	esa	esos	esas
Lejano al hablante y al oyente	aquel	aquella	aquellos	aquellas

Ser, estar, tener y *llevar* en la descripción física

ser rubio/-a	llevar gafas
ser moreno/-a	tener / llevar bigote
ser alto/-a	tener / llevar barba
ser bajito/-a	tener el pelo blanco
ser / estar delgado/-a	tener / llevar el pelo largo
ser / estar gordo/-a	tener / llevar el pelo corto
ser / estar calvo	tener los ojos azules

- Lleva gafas.
- Tiene barba.
- Es rubio.

Concordancia entre el sustantivo y el adjetivo

Los adjetivos **concuerdan** en género y número con el nombre al que acompañan:

*Mi compañer**o** es alt**o**.*
*Mi compañer**a** es alt**a**.*
*Mis compañer**os** son alt**os**.*
*Mis compañer**as** son alt**as**.*

Lección 10 Nos gusta ser así

- Describir personas mediante sus hábitos, sus gustos y su carácter.
- Expresar gustos y preferencias en distinto grado (II).
- Expresar coincidencia o falta de coincidencia en los gustos.
- Expresar y justificar una opinión (I).

1. Carmen busca compañero de piso y algunas personas responden a su anuncio. Lee sus correos y completa con *me gusta, me encanta, odio* y *prefiero*.

Me gusta → sentimiento positivo.
Me encanta → "me gusta mucho".
Prefiero → "me gusta más".
Odio → "no me gusta".

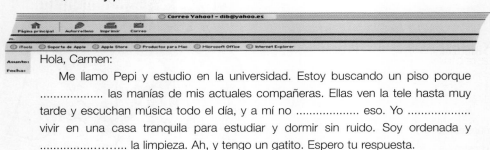

© Correo Yahoo! – dib@yahoo.es

Página principal   Autorrelleno   Imprimir   Correo

◎ iTools   ◎ Soporte de Apple   ◎ Apple Store   ◎ Productos para Mac   ◎ Microsoft Office   ◎ Internet Explorer

Asunto:
Fecha:

Hola, Carmen:

Me llamo Pepi y estudio en la universidad. Estoy buscando un piso porque .... las manías de mis actuales compañeras. Ellas ven la tele hasta muy tarde y escuchan música todo el día, y a mí no .... eso. Yo .... vivir en una casa tranquila para estudiar y dormir sin ruido. Soy ordenada y .... la limpieza. Ah, y tengo un gatito. Espero tu respuesta.

Teresa

Eliminar   Responder ∨   Reenviar ∨   Es spam   Mover..

© Correo Yahoo! – dib@yahoo.es

Página principal   Autorrelleno   Imprimir   Correo

◎ iTools   ◎ Soporte de Apple   ◎ Apple Store   ◎ Productos para Mac   ◎ Microsoft Office   ◎ Internet Explorer

Asunto:
Fecha:

Hola:

He visto en la universidad tu anuncio. .... mucho la situación de tu piso porque está muy cerca de los bares donde trabajo. Soy saxofonista y toco en un grupo de jazz. Por eso .... dormir de día. .... limpiar, pero .... la cocina, soy muy buen cocinero. Bueno, pues nada, espero tus noticias.

Guille

Eliminar   Responder ∨   Reenviar ∨   Es spam   Mover..

▎Escribe un correo a Carmen como los anteriores.

2. Observa la casa de Carmen. ¿Qué hábitos crees que tiene? Descríbelos con *le gusta, le encanta, odia* y *prefiere*.

....
....
....
....
....

¿Quién puede vivir con Carmen?
¿Y quién puede vivir contigo?

3. Paco y María ya son marido y mujer. Escucha sus quejas y relaciona los siguientes hábitos con cada uno.

1. Traerse trabajo a casa
2. Tomar una cerveza después del trabajo
3. Dormir con la ventana abierta
4. Levantarse temprano
5. Llenar la casa de notas
6. Comer pipas
7. Andar descalzo/a por casa
8. Ducharse con agua fría

Paco: ....

María: ....

4. ¿Cuáles de los hábitos y manías anteriores te gustan? Completa la tabla.

+ mucho / bastante

poco

– nada

No me gusta nada	Me gusta poco	Me gusta mucho / bastante
....	....	....
....	....	....
....	....	....

5. Expresa tus gustos con los verbos *gustar*, *encantar* y *odiar*.

.... los bombones.
.... la playa.
.... los mosquitos.
.... los museos.
.... la música latina.

.... levantarme temprano.
.... la cerveza.
.... la política.
.... leer.
.... el dinero.

Me gusta el vino.
Me gusta**n** lo**s** gato**s**.

Me encanta el vino.
Me encanta**n** lo**s** gato**s**.

Odio el vino, prefiero la cerveza.
Odio los gato**s**, prefiero lo**s** perro**s**.

6. Por parejas. ¿Qué les gusta a tus compañeros? ¿Y a tus compañeras?

tus compañeros (a ellos)

¿Qué les gusta / encanta?
....
....

¿Qué odian?
....
....

¿Qué prefieren?

tus compañeras (a ellas)

¿Qué les gusta / encanta?
....
....

¿Qué odian?
....
....

¿Qué prefieren?
....
....

7. Escucha y lee el diálogo.

Virginia: Marta, ¿te gusta dormir con la ventana abierta?

Marta: Sí, ¿y a ti, Virginia?

Virginia: A mí también, pero odio ducharme con agua fría.

Marta: Yo no. Yo odio el agua caliente, prefiero el agua fría.

Virginia: ¿Y te gusta levantarte temprano?

Marta: No, no me gusta nada.

Virginia: A mí tampoco. Prefiero levantarme tarde.

Marta: Yo también.

Virginia: ¿Y qué otros hábitos tienes?

Marta: Pues… me gusta andar descalza por casa, ¿y a ti?

Virginia: A mí no.

Expresar coincidencia	
☺ Me gusta...	☺ A mí también
☹ No me gusta...	☹ A mí tampoco
☹ Odio...	☹ Yo también
☺ No odio...	☺ Yo tampoco

Expresar falta de coincidencia	
☺ Me gusta...	☹ A mí no
☹ No me gusta...	☺ A mí sí
☹ Odio...	☺ Yo no
☺ No odio...	☹ Yo sí

▌ Ahora contesta a las preguntas.

¿Qué hábitos comparten Marta y Virginia? ....

¿Y qué hábitos no comparten? ....

8. Por parejas. Hablad sobre vuestros hábitos y gustos y completad la tabla.

Traerse trabajo a casa	☺☺	☹☺ ....
Tomar una cerveza después del trabajo	....	....
Dormir con la ventana abierta	....	....
Levantarse temprano	☹☹	☺☹ ....
Andar descalzo/a por casa	....	....
Ducharse con agua fría	....	....

9. ¿Sabes que en Japón describen los gustos y el carácter según el grupo sanguíneo? Lee el siguiente texto.

LA INFLUENCIA DE LOS GRUPOS SANGUÍNEOS EN EL CARÁCTER

Esta teoría, muy popular en Japón, consiste en describir el carácter según el grupo sanguíneo:

- Los del tipo "A" pertenecen al grupo de los "armónicos". A estas personas les gustan las actividades de creación, la investigación, las artes y la literatura. Son sensibles y odian las tareas rutinarias. Son muy trabajadoras, serias y un poco tímidas.

- Los del tipo "B" forman parte de los "rítmicos". Son muy ordenados, perfeccionistas y responsables. Les encanta organizar y dirigir cosas. Hay muchas personas con este grupo sanguíneo en puestos públicos.

- Los del tipo "0" pertenecen al grupo de los "melódicos". Les encanta trabajar en equipo y se adaptan a cualquier situación. Son muy extrovertidos y simpáticos y gustan mucho a la gente.

- Los del tipo "AB" son "complejos". Tienen rasgos del grupo A y también del grupo B. Son apasionados y valientes. Odian los trabajos de responsabilidad, prefieren dedicarse al arte, a los medios de comunicación o al comercio.

www.prensarotaria.com y revista Minami, n.º 36, año V

(texto adaptado)

---

10. Clasifica los adjetivos del texto anterior.

Adjetivos positivos	Adjetivos negativos
....	....
....	....
....	....
....	....

11. Busca en el diccionario los siguientes adjetivos. ¿A qué grupo sanguíneo crees que corresponde cada uno?

Antipático	Divertido	Grosero	Egoísta
Inteligente	Vago	Cobarde	Orgulloso
Tonto	Amable	Generoso	Humilde

A	B	O	AB
....	....	....	....
....	....	....	....
....	....	....	....

Para expresar opinión
Creer que + indicativo:
Creo que Ana es del grupo A.

Para justificar una opinión
Porque + indicativo:
Creo que Ana es del grupo A porque es trabajadora y seria.

12. ¿De qué grupo sanguíneo crees que es tu compañero? ¿Cuál crees que es el mejor grupo sanguíneo? Justifica tus respuestas.

....

....

13. ¿Crees que es cierta esta teoría japonesa? ¿De qué depende el carácter? Escucha algunas opiniones y numéralas.

Yo creo que somos libres y que podemos elegir nuestro carácter.

Yo creo que nuestro carácter depende del grupo sanguíneo y que no podemos cambiarlo.

Yo creo que el carácter depende de la educación, no del grupo sanguíneo.

Yo creo que el grupo sanguíneo no tiene relación con el carácter. El carácter depende de la genética.

Yo creo que el carácter depende del momento histórico. Por eso nuestros abuelos son diferentes a nosotros.

¿Y tú qué crees?...

14. Describe los hábitos y el carácter de alguien que te guste mucho o de alguien que no te guste nada.

....
....
....
....
....

15. Piensa en tres animales que te gusten y descríbelos con tres adjetivos de carácter.

Animal n.º 1 ....

Adjetivos:

....
....
....

Animal n.º 2 ....

Adjetivos:

....
....
....

Animal n.º 3 ....

Adjetivos:

....
....
....

Interpretación: el animal n.º 1 representa la imagen que das a los demás; el animal n.º 2 representa el carácter que quieres tener; y el animal n.º 3 representa tu verdadero carácter.

16. En grupos de tres. Elige un adjetivo y di una frase interpretando la característica del adjetivo elegido. Tus compañeros tienen que adivinar cuál es y, si aciertan, tú ganas dos puntos y ellos uno.

Simpático
Antipático
Serio
Tímido
Amable

Grosero
Valiente
Cobarde
Orgulloso
Humilde

PUNTUACIONES

Compañero 1	Compañero 2	Compañero 3
....	....	....
....	....	....
....	....	....

█NFORMACIÓN FUNCIONAL Y GRAMATICAL

▌ Presente del verbo *gustar*

(A mí) **me** gusta
(A ti) **te** gusta
(A él / ella / usted) **le** gusta
(A nosotros /-as) **nos** gusta
(A vosotros /-as) **os** gusta
(A ellos / ellas / ustedes) **les** gusta

Singular

el vino.
leer.

(A mí) **me** gustan
(A ti) **te** gustan
(A él / ella / usted) **le** gustan
(A nosotros /-as) **nos** gustan
(A vosotros /-as) **os** gustan
(A ellos / ellas / ustedes) **les** gustan

Plural

los gatos.

▌ Grados del verbo *gustar*

− ⟶ +

| *No me gusta nada* | *Me gusta poco* | *Me gusta* | *Me gusta mucho / bastante* |

▌ Presente del verbo *encantar*

(A mí) **me** encanta
(A ti) **te** encanta
(A él / ella / usted) **le** encanta
(A nosotros /-as) **nos** encanta
(A vosotros /-as) **os** encanta
(A ellos / ellas / ustedes) **les** encanta

Singular

el vino.
leer.

(A mí) **me** encantan
(A ti) **te** encantan
(A él / ella / usted) **le** encantan
(A nosotros /-as) **nos** encantan
(A vosotros /-as) **os** encantan
(A ellos / ellas / ustedes) **les** encantan

Plural

los gatos.

▌ Presente de los verbos *odiar* y *preferir*

	ODIAR	PREFERIR	
Yo	odio	prefiero	
Tú	odias	prefieres	
Él / ella / usted	odia	prefiere	el vino / los gatos / leer.
Nosotros / nosotras	odiamos	preferimos	
Vosotros / vosotras	odiáis	preferís	
Ellos / ellas / ustedes	odian	prefieren	

▌ Para expresar coincidencia

☺ *Me gusta…*   ☺ *A mí también*
☹ *No me gusta…*   ☹ *A mí tampoco*
☹ *Odio…*   ☹ *Yo también*
☺ *No odio…*   ☺ *Yo tampoco*

▌ Para expresar falta de coincidencia

☺ *Me gusta…*   ☹ *A mí no*
☹ *No me gusta…*   ☺ *A mí sí*
☹ *Odio…*   ☺ *Yo no*
☺ *No odio…*   ☹ *Yo sí*

▌ Para expresar opinión

Creer que + indicativo: **Creo que** *Ana es del grupo A.*

▌ Para expresar causa

Porque + indicativo: *Creo que Ana es del grupo A* **porque** *es trabajadora y seria.*

Revisión

1. Escribe preguntas para estas respuestas.

a. ....
-Isabel García.

b. ....
-Treinta y dos.

c. ....
-De Venezuela.

d. ....
-En Caracas.

e. ....
-Español, inglés y francés.

f. ....
-Ir al cine, pintar, jugar con videojuegos…

g. ....
-856 22 10 48

h. ....
-isagarcia@yahoo.es

i. ....
-El 17 de mayo.

j. ....
-A las tres y media.

k. ....
-Soy abogado.

l. ....
-Porque me gusta hablar con personas de otros países.

2. Corrige los errores.

¿Cómo tú dices "table" en español?
....

¿Qué es la palabra para decir esta cosa?
....

¿Qué se quiere decir "aula"?
....

¿Puedes repites?
....

¿Cómo se escribir "lápiz"?
....

¿Es bien como así?
....

¿Qué se significa "abuelo"?
....

¿Cómo te pronuncias "bolígrafo"?
....

¿Qué es la diferencia "g" y "j"?
....

3. Escribe las formas verbales en presente de indicativo

pedir (él): ....

traer (yo): ....

oír (tú): ....

decir (ella): ....

salir (yo): ....

jugar (ellos): ....

poder (tú): ....

venir (usted): ....

poner (yo): ....

querer (él): ....

hacer (yo): ....

tener (nosotros): ....

dormirse (tú): ....

despertarse (ellos): ....

lavarse (vosotros): ....

ser (tú): ....

4. Completa con el vocabulario que has aprendido.

Tres nombres de países que empiecen por "c".
....
....
....

Tres meses del año con treinta y un días.
....
....
....

Tres profesiones relacionadas con la comida.
....
....
....

Tres objetos de la clase que utilice el profesor.
....
....
....

Tres nombres de parentesco que tengan cinco letras.
....
....
....

Tres medios de transporte baratos.
....
....
....

5. Escribe la hora que marcan estos relojes.

....
....
....

....
....
....

....
....

....
....
....

....
....
....

6. Describe tu físico, tu personalidad y tus gustos, manías y hábitos. Después compara tu descripción con la de tus compañeros. ¿A quién te pareces más? ¿Y menos? ¿Por qué?

Yo...
....
....
....
....

Apéndice Gramatical

EL SUSTANTIVO

1. GÉNERO

- Son de género masculino los sustantivos que terminan en -o, -e, -aje o consonante: *el niño, el coche, el viaje, el profesor.*

   Excepciones: algunos sustantivos que terminan en -ma son masculinos: *el problema, el tema, el sistema.*

- Son de género femenino los sustantivos que terminan en -a, -ción, -sión y -d: *la niña, la canción, la excursión, la verdad.*

   Excepciones: algunos sustantivos que terminan en -o son femeninos: *la moto, la mano, la radio.*

- Son tanto masculinos como femeninos los sustantivos terminados en -ista y -ante: *el / la periodista, el / la estudiante.*

2. NÚMERO

Si el singular acaba en:	en plural:
vocal: *mesa, libro*	-s: *mesas, libros*
consonante: *corazón, flor*	-es: *corazones, flores*
-z: *lápiz*	-es (cambia la consonante): *lápices*
-s: *crisis*	no cambia: *crisis*

ADJETIVO CALIFICATIVO

1. GÉNERO

masculino	femenino	masculino y femenino
-o: *bueno*	-a: *buena*	-e: *grande* consonante: *fácil*

- Los adjetivos calificativos concuerdan en género y en número con el sustantivo al que acompañan o al que se refieren:

   No me gustan los pisos pequeños.

   Estas camisas son muy caras.

- Los adjetivos de nacionalidad que terminan en consonante forman el femenino añadiendo la vocal -a: *francés → francesa; español → española.*

- Los adjetivos de nacionalidad que terminan en -a, -e, -i son invariables: *marroquí, belga.*

2. NÚMERO

Si el singular termina en:	el plural se forma añadiendo:
a, e, i, o, u	-s bonito → bonitos; cara → caras
consonante	-es útil → útiles
í, ú	iraní → iraníes

3. CONCORDANCIA

- Los adjetivos calificativos concuerdan en género y en número con el sustantivo al que acompañan o al que se refieren:

  No me gustan los pisos pequeños.

  Estas camisas son muy caras.

4. POSICIÓN

- Se colocan normalmente detrás del sustantivo:

  El coche rojo es el mío.

COMPARATIVOS

1. GÉNERO

de superioridad	**más** +	adjetivo adverbio **que ...** sustantivo	*Es más pequeño que tú.* *Siempre llega más tarde que yo.* *Tiene más dinero que Eva.*
de igualdad	**igual de** +	adjetivo adverbio **que ...**	*Javi es igual de alto que su madre.* *Vivo igual de lejos que tú.*
	tan **tanto** +	adjetivo adverbio **como...** sustantivo	*Esta casa es tan bonita como esa.* *Vivo tan lejos como tú.* *Tiene tanto dinero como Eva.*
de inferioridad	**menos** +	adjetivo adverbio **que ...** sustantivo	*Juan es menos tímido que Pedro.* *Trabaja menos rápido que él.* *Mi salón tiene menos luz que el tuyo.*

ADJETIVOS CON COMPARATIVOS IRREGULARES

más bueno que	mejor que
más malo que	peor que
más pequeño que	menor que
más grande que	mayor que
más arriba que	superior a
más abajo que	inferior a

SUPERLATIVOS

- El superlativo de los adjetivos se forma añadiendo a la raíz el sufijo *-ísimo*: *grand-ísimo*, *buen-ísimo*. Si el adjetivo termina en *-ble*, añadimos el sufijo *-bilísimo*: *amabilísimo*.

- También podemos expresar grado superlativo con las siguientes estructuras:

absoluto		relativo	
el más *el menos* + adjetivo	*el mejor, el peor, el mayor, el menor...*	*el más* *el menos* + adj + *de* + sus/adv	*el mejor de, el peor de, el mayor de...*
- *Juan es el más alto.* - *Este coche es el menos caro.*	- *Juan es el mayor.* - *Este coche es el mejor.*	- *Juan es el más alto de la clase.* - *Este coche es el menos caro de la tienda.*	- *Juan es el mayor de la familia.* - *Este coche es el mejor de esta marca.*

PRONOMBRES PERSONALES

1. FORMA

Sujeto	Complemento indirecto	Complemento directo	Reflexivos	Con preposición
yo	me	me	me	mí -conmigo
tú	te	te	te	ti- contigo
él / ella / usted	le	lo-la	se	él / ella / usted
nosotros /-as	nos	nos	nos	nosotros /-as
vosotros /-as	os	os	os	vosotros /-as
ellos / ellas / ustedes	les	los-las	se	ellos / ellas / ustedes

2. USOS

- En español, no es necesario colocar siempre los pronombres sujeto porque la terminación del verbo ya nos indica la persona que es.

- Los pronombres sujeto, los de complemento directo, indirecto y reflexivos se colocan delante del verbo.

- Los verbos como **gustar, doler, encantar**, etc., tienen que llevar complemento indirecto. Delante de él se puede poner la preposición **a** y los pronombres correspondientes.

  Nos encanta cenar en tu casa.

  A mí me gusta salir los fines de semana.

- Las terceras personas de los pronombres de complemento indirecto no tienen diferencia de género, pero sí de número.

  A María le gusta el fútbol.

  A Juan le encanta cocinar.

  A ellos les duele la cabeza.

- Las terceras personas de los pronombres de complemento directo o acusativo sí tienen diferencia de género y número.

  Siempre barre el suelo = Siempre lo barre.

  He limpiado la habitación = La he limpiado.

  Ayer compramos unos ordenadores = Ayer los compramos.

- En las órdenes afirmativas, los pronombres de complemento directo se colocan detrás del verbo.

  Escribe una carta = Escríbela.

  Tome estas pastillas = Tómelas.

- Los pronombres con preposición son iguales que los pronombres sujeto. Sólo son diferentes la primera y segunda persona de singular.

  A y PARA → MÍ –TI   CON → CONMIGO – CONTIGO

  Para mí, eres el hombre más guapo del mundo.

  Estoy de acuerdo contigo.

- *Acostarse, levantarse, dormirse, peinarse, lavarse, ducharse*, etc., son verbos reflexivos y pronominales y han de llevar el pronombre correspondiente.

  Todas las mañanas me levanto a las 8 y me ducho con agua fría.

POSESIVOS

1. FORMAS ÁTONAS

masculino		femenino	
singular	pural	singular	plural
mi	mis	mi	mis
tu	tus	tu	tus
su	sus	su	sus
nuestro	nuestros	nuestra	nuestras
vuestro	vuestros	vuestra	vuestras
su	sus	su	sus

2. FORMAS TÓNICAS

masculino		femenino	
singular	pural	singular	plural
mío	míos	mía	mías
tuyo	tuyos	tuya	tuyas
suyo	suyos	suya	suyas
nuestro	nuestros	nuestra	nuestras
vuestro	vuestros	vuestra	vuestras
suyo	suyos	suya	suyas

3. USOS

- Los posesivos concuerdan con el sustantivo (con la cosa poseída) en género y número.
  Ese bolígrafo es mío. / ¿Vuestros amigos no vienen hoy?
- Las formas átonas se colocan delante del sustantivo.
  Mi coche es el que está en la esquina.
- No se usa el posesivo para hablar de las partes del cuerpo.
  Me duelen los oídos. / Tiene unas piernas muy largas.
- Las formas tónicas se colocan detrás de sustantivo, verbo y artículo.
  Éste es un gran amigo mío, se llama Julián.
  Este mechero es tuyo.
  -Tu marido es médico, ¿verdad?
  -Sí, y el tuyo también, ¿no?

DEMOSTRATIVOS

1. PRONOMBRES

masculino		femenino		neutro
singular	pural	singular	plural	
este	estos	esta	estas	esto
ese	esos	esa	esas	eso
aquel	aquellos	aquella	aquellas	aquello

2. ADJETIVOS

masculino		femenino	
singular	pural	singular	plural
este	estos	esta	estas
ese	esos	esa	esas
aquel	aquellos	aquella	aquellas

3. USOS

- Los demostrativos son elementos que se usan para señalar en el espacio, en el tiempo o en el contexto. *Este* se relaciona con *aquí*, *ese* con *ahí* y *aquel* con *allí*.

- Los pronombres tienen el mismo género y número que el sustantivo al que se refieren.

  Ese es el novio de María.

- Los pronombres neutros no tienen plural.

  Por favor, ¿cuánto cuesta esto?

- Los adjetivos demostrativos se colocan delante del sustantivo y concuerdan en género y número con él.

  ¿Me dejas ese diccionario?

  Me encanta este pintor, es el mejor.

INTERROGATIVOS

a) Solicitan información sobre:

- **Qué:** las acciones o las cosas.

  ¿Qué es esto?

- **Quién:** las personas.

  ¿Quién es el director?

- **Dónde:** el lugar.

  ¿Dónde está la secretaría?

- **Cómo:** la manera.

  ¿Cómo te gusta el café?

- **Cuánto:** la cantidad.

  ¿Cuánto cuesta?

- **Por qué:** la causa.

  ¿Por qué estudias español?

b) Los interrogativos siempre llevan tilde: *qué, quién, cómo...*

c) Se colocan delante del verbo.

  ¿Quién ha llamado a la puerta?

d) Los interrogativos en una interrogativa directa siempre van entre signos de interrogación (¿?).

  ¿Dónde están los regalos?

  No sé dónde están los regalos.

PRESENTE DE INDICATIVO

1. FORMA

A) VERBOS REGULARES

	1ª CONJUGACIÓN AM-AR	2ª CONJUGACIÓN BEB-ER	3ª CONJUGACIÓN SUB-IR
Yo	am-**o**	beb-**o**	sub-**o**
Tú	am-**as**	beb-**es**	sub-**es**
Él / ella / usted	am-**a**	beb-**e**	sub-**e**
Nosotros / nosotras	am-**amos**	beb-**emos**	sub-**imos**
Vosotros / vosotras	am-**áis**	beb-**éis**	sub-**ís**
Ellos / ellas / ustedes	am-**an**	beb-**en**	sub-**en**

B) VERBOS IRREGULARES

1.

	SER	ESTAR	IR
Yo	soy	estoy	voy
Tú	eres	estás	vas
Él / ella / usted	es	están	va
Nosotros / nosotras	somos	estamos	vamos
Vosotros / vosotras	sois	estáis	vais
Ellos / ellas / ustedes	son	están	van

2. Verbos con irregularidades vocálicas en todas las personas excepto en la 1.ª y en la 2.ª persona del plural.

	E → IE QUERER	O → UE PODER	U → UE JUGAR	E → I PEDIR
Yo	qu**ie**r-o	p**ue**d-o	j**ue**g-o	p**i**d-o
Tú	qu**ie**r-es	p**ue**d-es	j**ue**g-as	p**i**d-es
Él / ella / usted	qu**ie**r-e	p**ue**d-e	j**ue**g-a	p**i**d-e
Nosotros / nosotras	quer-emos	pod-emos	jug-amos	ped-imos
Vosotros / vosotras	quer-éis	pod-éis	jug-áis	ped-ís
Ellos / ellas / ustedes	qu**ie**r-en	p**ue**d-en	j**ue**g-an	p**i**d-en

3. Verbos con cambios consonánticos en la 1.ª persona del plural.

	C → ZC CONOCER	U → UY CONCLUIR	OTROS CAMBIOS HACER	SALIR	PONER	TRAER
Yo	cono**zc**-o	conclu**y**-o	ha**g**-o	sal**g**-o	pon**g**-o	trai**g**-o
Tú	conoc-es	conclu**y**-es	hac-es	sal-es	pon-es	tra-es
Él / ella / usted	conoc-e	conclu**y**-e	hac-e	sal-e	pon-e	tra-e
Nosotros / nosotras	conoc-emos	conclu-imos	hac-emos	sal-imos	pon-emos	tra-emos
Vosotros / vosotras	conoc-éis	conclu-ís	hac-éis	sal-ís	pon-éis	tra-éis
Ellos / ellas / ustedes	conoc-en	conclu**y**-en	hac-en	sal-en	pon-en	tra-en

4. Verbos con doble irregularidad.

	TENER	VENIR	DECIR	OIR
Yo	ten**g**-o	ven**g**-o	di**g**-o	oi**g**-o
Tú	t**ie**n-es	v**ie**n-es	d**i**c-es	o**y**-es
Él / ella / usted	t**ie**n-e	v**ie**n-e	d**i**c-e	o**y**-e
Nosotros / nosotras	ten-emos	ven-imos	dec-imos	o-ímos
Vosotros / vosotras	ten-éis	ven-ís	dec-ís	o-ís
Ellos / ellas / ustedes	t**ie**n-en	v**ie**n-en	d**i**c-en	o**y**-en

2. USOS

- Para hablar de acciones presentes.
  Vivo en Alcalá de Henares.
  Me llamo Inés y tengo veinte años.

- Para expresar acciones habituales.
  Todos los fines de semana vamos de excursión.

- Para ofrecer, pedir y sugerir.
  ¿Quieres una taza de café o prefieres una cerveza?
  ¿Me dejas tu coche esta noche?
  ¿Por qué no vienes con nosotros?

- Para hablar de acciones futuras que sentimos cercanas.
  El lunes empiezo a trabajar.

3. MARCADORES TEMPORALES DE PRESENTE

- Los marcadores temporales que van con verbos en presente expresan acciones habituales, costumbres y frecuencia.

siempre
cada día / mes / semana...; todos los días / todas las semanas / todos los años ...; casi siempre, por lo general, normalmente, generalmente, habitualmente
a menudo, con frecuencia, frecuentemente, muchas / bastantes veces
cada vez que; cada dos / tres... días / semana / verano...; cuatro, cinco... veces al día / a la semana, al mes, al año; a veces; algunas veces; de vez en cuando
casi nunca, apenas, rara vez, raramente, ocasionalmente
nunca, jamás, nunca jamás

todos /-as	+ los / las	+	*días, meses, años*
todos /-as	+ los / las	+	*lunes, martes..., veranos, inviernos..., vacaciones, Navidades..., fines de semana, festivos*
una vez	+ al / a la		*día, mes, año, semana*
una vez por	+		*semana, día, mes...*
(una vez)	+ cada	+	*dos, tres cuatro ... años, fines de semana, veranos...*

2. USOS DEL VERBO *SER*

a) Utilizamos el verbo *ser* para definir, clasificar, describir en las siguientes situaciones:

- Identidad: *¡Hola! Soy Javier Ridruejo.*
- Origen, nacionalidad: *Somos españoles.*
- Profesión: *José es electricista.*
- Descripción física de personas, objetos y lugares: *Mi vecina es alta y delgada.*
- Descripción del carácter: *Mis estudiantes son muy amables.*
- Valoración general de hechos, actividades: *Es bueno hacer deporte.*

b) Para expresar tiempo:

- Hora: *Son las 8 de la mañana.*
- Fecha: *Hoy es martes; es 3 de septiembre.*
- Período de tiempo: *Era de noche. Era otoño.*

c) Para hablar de cantidad:

Es poco / mucho / demasiado.

Son 20 euros.

d) Para indicar posesión:

Este coche es mío.

La casa es de mi hermano.

e) Para indicar la materia de la que están hechas las cosas:

El anillo es de oro.

Mis ventanas son de madera.

3. USOS DEL VERBO *ESTAR*

a) Utilizamos el verbo *estar* para hablar de los resultados de los procesos, de los estados:

- Estados físicos de personas o animales: *El viaje ha sido muy largo; estoy muy cansada.*
- Estados psíquicos de personas: *Está muy triste desde ayer.*
- Estados civiles: *Estamos solteros.*
- Circunstancias y estados de objetos y lugares: *Los alumnos están de viaje. La farmacia está cerrada.*
- Valoración de objetos, cosas y hechos: *La sopa está muy sosa.*

b) Para expresar el lugar donde se encuentran las cosas, las personas, los objetos: *Mi prima está el colegio.*

c) Para referirnos a una acción en desarrollo (*estar* + gerundio): *Elena está durmiendo la siesta.*

ESTAR / HABER (HAY) - HABER (HAY) / TENER

1. ESTAR / HABER (HAY)

a) Se utiliza la forma HAY para expresar la **existencia** de algo:

-¿Sabes dónde hay un estanco?

-Sí, hay uno en la Plaza de Cervantes.

b) Se utilizan las formas del verbo ESTAR para **situar** en un lugar:

-¿Dónde está la Plaza de Cervantes?

-Está al final de la calle. El estanco está al lado de la librería.

la, el, las, los mi, tu, su ... + SUSTANTIVO + este, ese, aquel...	ESTAR
HAY +	Ø un, una, unos, unas dos, tres, cuatro... + SUSTANTIVO algún, alguna, ningún, ninguna...

El verbo HABER (HAY) es impersonal, es decir, carece de sujeto, por eso no se establece concordancia con el sustantivo con el que va:

Hay una silla. / hay dos sillas.

El verbo ESTAR es un verbo personal, por lo que lleva sujeto, con el que concuerda en número.

Mi hermano está en Buenos Aires. / Mis hermanos están en Buenos Aires.

2. HABER (HAY) / TENER

a) La forma HAY expresa existencia y se utiliza en forma impersonal (siempre en 3.ª persona del singular).
En clase hay dos ventanas.

b) La forma TENER expresa posesión y se utiliza en forma personal (debe mantener la concordancia con el sujeto).
La clase tiene dos ventanas.

PREPOSICIONES

- Para situar y localizar en el espacio:

A	**DENTRO DE**
EN	**ENTRE**
DEBAJO DE	**DETRÁS DE**
DELANTE DE	**AL LADO DE**
ENCIMA DE	**ENFRENTE DE**
CERCA DE	

A la derecha está el Museo del Prado.

La alfombra está debajo de la mesa.

La cocina está al lado del comedor.

Vivo en Sevilla.

- Para expresar posesión:

DE

La chaqueta es de Juan.

Estos son los padres de Alicia.

- Para localizar en el tiempo:

EN

En septiembre vamos a ir a verte.

En 1980 estuve en Italia.

- Para hablar de momentos del día:

  POR

  Por la mañana me levanto a las ocho.

  Por la tarde salgo de trabajar y me voy al gimnasio.

- Para indicar de la hora:

  A

  -¿A qué hora cierran la biblioteca?

  -A las nueve.

- Para señalar el inicio y el término de un espacio de tiempo:

  DE ... A

  Los bancos abren de ocho a dos de la tarde.

  DESDE … HASTA

  Ayer estuvimos esperando a Javier desde las diez hasta las once y media.

- Para hablar de la nacionalidad y del origen:

  DE

  Venimos de Madrid.

  Soy de Suecia.

- Para hablar del contenido o la materia de algo:

  DE

  Me gustan los zapatos de piel.

  ¿Tienes mi paquete de tabaco?

ADVERBIOS, LOCUCIONES ADVERBIALES Y OTRAS EXPRESIONES DE FUNCIÓN SEMEJANTE

1. CLASES

A) de lugar

aquí	*cerca d)*
ahí	*lejos de*
allí	*dentro de*
encima de	*fuera de*
al lado de	*enfrente de*
debajo de	*junto a*
delante de	*al final de*
alrededor	*detrás de*

B) afirmación / negación

sí, no, también, tampoco

C) tiempo

generalmente	*siempre*
frecuentemente	*a menudo*
normalmente	*a veces*
ya	*antes de*
aún	*ahora*
todavía	*después de*
nunca	*ayer*
jamás	*mañana*
hoy	

Otras expresiones de tiempo (frecuencia relativa) son:

una vez al día

X veces al / a la mes / semana / año

muchas veces al mes / al año / a la semana

una vez al mes / al año / a la semana

una vez cada X días, semanas, meses

D) cantidad

muy, mucho, bastante, poco, más

E) modo

bien, mal, regular

2. POSICIÓN DEL ADVERBIO

- El adverbio suele colocarse detrás del verbo, aunque hay excepciones como *ya, todavía* y *aún,* que no tienen una posición fija.

  Me interesa mucho la historia de España.

  Mi casa está lejos del centro.

  Ya hemos llegado. / Hemos llegado ya.

TIPOS DE ORACIONES

1. ORACIONES TEMPORALES

Cuando + presente de indicativo	*Sólo estudio cuando tengo exámenes.*
Al + infinitivo	*He visto a tu padre al salir del cine.*

Al + infinitivo sólo puede utilizarse cuando el sujeto del verbo principal y el del verbo subordinado son el mismo: *Yo he visto a tu padre cuando yo salía del cine.*

2. ORACIONES FINALES

- Expresan la finalidad o el objetivo con que se realiza la acción del verbo principal. Vienen introducidas por los conectores *para, con la finalidad de, con la intención de,* entre otros.

Para		
Con la finalidad de	+ infinitivo	*Hemos venido a Costa Rica para aprender español.*
Con la intención de		

3. ORACIONES CONDICIONALES

- Expresan una condición para que se cumpla la acción del verbo principal.

SI	presente +	futuro → acción futura: *Si tengo dinero iré de viaje.*
		presente + imperativo → orden: *Si llegas temprano, espérame.*
		presente → acción habitual: *Si estoy enfermo, voy al médico.*

- También expresa condición:

> CUANDO + presente + presente → acción habitual: *Cuando estoy enfermo, voy al médico.*

4. ORACIONES CAUSALES

- Expresan la causa por la que sucede la acción del verbo principal.

Conector	Función	Lugar donde aparece
ES QUE	Dar excusas o explicaciones.	Al principio de la oración: *-¿Te vienes?* *-No puedo; es que tengo que estudiar.*
PORQUE	Expresar la causa de la acción principal.	Detrás de la oración principal: *-No puedo ir al cine porque tengo que estudiar.*

TRANSCRIPCIONES

Unidad 1

Lección 1

Ejercicio 1

-¡Hola! ¿Cómo te llamas?

-Javier, ¿y tú?

-Nuria.

-¡Hola! Me llamo Marta, ¿y tú?

-Yo me llamo Sonia.

-Hola, me llamo Carlos, ¿y tú?

-Hola, yo me llamo Miguel.

Ejercicio 3

a. -Hola, buenos días, Toñi.

  -Buenos días, Miguel.

b. -Hasta luego, Toñi.

  -Adiós, Miguel.

c. -Buenas tardes, Mariano.

  -Hola, buenas tardes.

Lección 2

Ejercicio 3

-Cristina, ¿qué te gusta hacer en tu tiempo libre?

-Pues… me gusta escuchar música, ir de compras, pasear, jugar al tenis… ¿Te gusta jugar al tenis, Marcos?

-Sí, sí me gusta. Me gusta jugar al tenis y al fútbol.

-¿Y qué mas te gusta hacer?

-Pues me gusta ir al cine, ver la televisión… ¿A ti te gusta ver la televisión?

-No, no me gusta.

Ejercicio 6

cero

uno

dos

tres

cuatro

cinco

d. -Buenas noches, María.

  -Buenas noches, Miguel.

Ejercicio 5

a.

-Hola, Brian, buenas tardes.

-Buenas tardes, Michael.

b.

-¡Hasta luego, Tomoko!

-¡Adiós, Lin!

c.

-Buenas noches, Brooke.

-Buenas noches, Vincent.

d.

-Hola, buenos días, Tim.

-Hola, Cheng.

seis

siete

ocho

nueve

diez

once

doce

trece

catorce

quince

dieciséis

diecisiete

dieciocho

diecinueve

veinte

veintiuno

veintidós

veintitrés

veinticuatro

veinticinco

Ejercicio 8

Este es el trayecto de mi último viaje alrededor del mundo: España, Francia, Reino Unido, Alemania, Rusia, Corea, Japón, Estados Unidos, México, Brasil y Portugal.

Ejercicio 13

Algunas de las lenguas más habladas del mundo son, por este orden: chino, inglés, español, portugués, ruso, japonés, alemán, coreano y francés.

Ejercicio 16

La bicicleta es un invento ruso.

El cine es un invento francés.

La pólvora es un invento chino.

El piano es un invento italiano.

La máquina de escribir es un invento estadounidense.

veintiséis

veintisiete

veintiocho

veintinueve

treinta

treinta y uno

treinta y dos

treinta y tres

treinta y cuatro

treinta y cinco

treinta y seis

treinta y siete

treinta y ocho

treinta y nueve

cuarenta

cuarenta y uno

cuarenta y dos

cuarenta y tres

cuarenta y cuatro

cuarenta y cinco

cuarenta y seis
cuarenta y siete
cuarenta y ocho
cuarenta y nueve
cincuenta

Ejercicio 8

Cuarenta y nueve
Veintisiete
Doce
Veinticuatro
Treinta y tres
Treinta y nueve
Quince

Ejercicio 11

-Leticia, ¿qué quieres estudiar?

-Japonés. Me gusta la cultura japonesa. ¿Y tú, Ángel?

-Yo quiero estudiar francés. ¿Te gusta el francés, Susana?

-Sí, pero yo quiero estudiar alemán. Quiero vivir en Alemania.

Ejercicio 12

-Hola, quiero hacerme el carné de estudiante.

-Sí, a ver, ¿qué quieres estudiar?

-Francés.

-Vale, ¿cómo te llamas?

-Ángel Pérez Redondo.

-¿De dónde eres?

-De Madrid.

-¿Dónde vives?

-En la calle Mayor, número 17.

-¿Cuántos años tienes, Ángel?

-Veinte.

-¿Cuál es tu número de teléfono?

-471 200 592.

-¿Y tu correo electrónico?

-angelperez@hotmail.com

-Muy bien. ¿Cuándo quieres empezar las clases?

-Pues… mañana.

-Vale, ya está.

-Adiós, gracias.

-Hasta luego.

Unidad 2
Lección 3

Ejercicio 1

a, b, c, d, e, f, g, h, i, j, k, l, m, n, ñ, o p, q, r, s, t, u, v, w, x, y, z

Ejercicio 3

m, r, t, l

x, ñ, q, u

g, e, p, d

s, r, q, i

u, a, m, t

Ejercicio 4

1. ce-u-i-de-a-de-o
2. pe-o-ere efe-a-uve-o-ere
3. a-i griega-u-de-a
4. pe-e-ere-de-o-ene
5. ge-ere-a-ce-i-a-ese
6. o-i griega-e
7. de-e ene-a-de-a
8. ele-o ese-i-e-ene-te-o

Ejercicio 8.1

A: Oye, Pedro, ¿me ayudas con los ejercicios de español, por favor?

B: Sí, claro.

A: ¿Cómo se dice "schedule" en español?

B: No sé. Espera, lo busco en el diccionario [...] "Horario".

A: ¿Cómo dices?

B: "Horario".

A: ¿Y cómo se escribe?

B: hache-o-ere-a-ere-i-o.

A: ¿Puedes repetir más despacio?

B: hache-o-ere-a-ere-i-o.

A: ¿Está bien así?

B: No, con "o" final.

A: Vale, gracias.

Ejercicio 12

1a. Está bien así

1b.¿Está bien así?

2a Se escribe con "g"

2b. ¿Se escribe con "g"?

3a. Marcus entiende español

3b. ¿Marcus entiende español?

4a. Sí

4b. ¿Sí?

5a. Puedes hablar más alto

5b. ¿Puedes hablar más alto?

6a. No está bien

6b. ¿No está bien?

Ejercicio 13

1. ¿Está bien así?
2. Se escribe con "g"
3. Marcus entiende español.
4. ¿Sí?
5. ¿Puedes hablar más alto?
6. No está bien.

Ejercicio 15

1. ¿Cómo te llamas?
2. ¿Dónde vives?
3. ¿Cómo se dice "funny" en español?
4. ¿Cómo se escribe tu nombre?
5. ¿Qué significa esta palabra?
6. ¿Te llamas Jane?
7. ¿Vives lejos?
8. ¿Se escribe con "v"?
9. ¿Está bien así?
10. ¿Puedes repetir?

Ejercicio 16

¿Qué quiere decir "pared"?

¿Puedes ayudarme?

¿Eres Marta?

¿Cómo estás?

LECCIÓN 4

Ejercicio 1

1. la puerta
2. la pared
3. el perchero
4. la pizarra
5. las tizas
6. el borrador
7. la pepelera
8. la ventana
9. las mesas
10. las sillas
11. los bolígrafos
12. el mapa

Ejercicio 5

sillas

libros

cuaderno

lápiz

carpeta

bolígrafos

goma

mapa

hojas

alumnos

sacapuntas

perchero

Unidad 3
LECCIÓN 5

Ejercicio 7

Por suerte para mí, tengo muchos amigos. Cada uno de ellos se dedica a una cosa distinta. Miguel es estudiante: quiere ser informático, por eso se pasa todo el día con ordenadores. Estudia por la tarde, de cuatro a nueve. Después de clase se va con sus amigos a un ciber café. Este es

Ejercicio 17

1. ¡Gracias!
2. Me estás haciendo daño.
3. ¿Cómo se dice "lesson" en español?
4. Quiero comprarme una casa en el campo

profesora

perchas

Ejercicio 5.1

el cuaderno

el lápiz

el mapa

el sacapuntas

el perchero

los libros

los bolígrafos

los alumnos

la carpeta

la goma

la profesora

las sillas

las hojas

las perchas

Ejercicio 11

En mi clase de español hay doce alumnos de diferentes países. Nos sentamos dos en cada mesa y en la pared hay una gran pizarra.

Ejercicio 14

50, 51, 60, 61, 70, 71, 80, 81, 90, 91, 100, 101, 110, 111, 120, 121, 130, 131,

Paco y es albañil. Trabaja en la construcción: hace reformas en las casas, construye edificios... Es muy bueno tener un amigo albañil. También tengo un amigo que es bombero. Se llama Fernando. Su trabajo es un poco peligroso, pero a él le gusta mucho. Marisol prepara unas comidas muy buenas porque es cocinera. Trabaja

5. Me apellido Stanislawski.
6. ¿Cómo se escribe "mañana"?

140, 141, 150, 151, 160, 161, 170, 171, 180, 181, 190, 191, 200, 201, 300, 400, 500, 600, 700, 800, 900, 1.000

Ejercicio 15.1

1. Piensa en un número del 1 al 50.
2. Súmale 320.
3. Súmale 65.
4. Réstale 125.
5. Réstale el número que habías pensado.
6. Súmale 100.
7. Multiplícalo por 2.
8. Divídelo entre 3.

Ejercicio 16

Busca el ejercicio 13 de esta lección.

En una hoja en blanco, escribe con lápiz 5 de las frases de ese ejercicio.

Borra una palabra de cada frase.

Intercambia la hoja con tu compañero.

Completa las frases de tu compañero.

Lee las frases en voz alta.

Corrige las frases de tu compañero.

Dile cuáles ha acertado.

en un restaurante muy famoso en el centro de la ciudad. No se levanta temprano porque empieza a trabajar a las once: es lo mejor de su trabajo.

Ejercicio 10

médico, cervecería, mecánico, zapatero, peluquero, academia, oficina, sacerdote, conductor, electricista, colegio, edificio, policía, fábrica, cura, tapicero, pescador, facultad, químico

Ejercicio 11

carpintero

pizarra

conquistador

zoológico

carnicero

pesquero

informático

medicinas

capitán

cocinero

información

cazador

farmacia

Ejercicio 13

1.

-¿Cómo se llama usted y dónde trabaja?

-Santiago. Me llamo Santiago; yo trabajo aquí, en mi casa: soy abogado y este es mi despacho. Por las tardes cierro la ofici-

na porque estudio: hago un máster en Derecho Internacional. Todas las mañanas me levanto muy temprano, a las siete, desayuno y salgo a hacer footing. No vuelvo hasta las nueve.

2.

-¿Cómo se llaman ustedes?

-Somos Enrique y Ana, y estos son nuestros hijos, María y José. Trabajamos muy lejos, por eso salimos temprano de casa: antes de las ocho. Primero dejamos a los niños en el colegio y, después, vamos a la oficina. Estamos allí hasta las cuatro.

3.

-Y usted, ¿cómo se llama?

-Me llamo Araceli.

-¿Qué hace normalmente de ocho a diez de la mañana?

-Me levanto a las siete, desayuno y limpio un poco la casa. A veces bajo a casa de Carmen a hablar un rato con ella (a veces, desayunamos juntas). Hoy he bajado pero no estaba en casa; he llamado a la puerta varias veces y, después, he subido otra vez a mi casa.

4.

-¿Y vosotros?

-Yo me llamo Alejandro.

-Y yo, Ricky. Trabajamos por la noche, por eso por la mañana dormimos. Normalmente, volvemos del trabajo a las siete, pero los viernes llegamos más tarde, sobre las ocho u ocho y media.

5.

-Solo nos queda usted. ¿Cómo se llama?

-Me llamo Almudena.

-¿Qué hace usted por las mañanas?

-Soy profesora de inglés y trabajo en una academia. Doy clases los miércoles y jueves, de diez a dos. Los martes colaboro en una ONG que ayuda a personas que están solas. Y a veces ayudo a Santi, perdón, a Santiago Ramos, el abogado. Él es tan buena persona, tan amable, tan... Hum... él necesita ayuda y a mí me gusta ayudar. Las cosas le van un poco mal, los clientes no le pagan, él no puede pagar el alquiler...

-Vale, vale, eso es todo.

LECCIÓN 6

Ejercicio 2

Vivo con tres amigos. En casa nos levantamos a horas distintas. Carlos se levanta muy temprano porque le gusta hacer un poco de deporte antes de desayunar; después se ducha y se va a trabajar. Pilar y yo nos levantamos a la misma hora, a las 7:30, pero hacemos cosas diferentes: a Pilar le gusta desayunar tranquilamente y leer el diario; yo me ducho, me afeito, me peino y me voy a mi trabajo. A Ana le encanta dormir, y como se acuesta muy tarde también se levanta muy tarde: es la que mejor vive y la que más se divierte.

Ejercicio 8

Hola me llamo Marta. Yo trabajo por las mañanas en una agencia de publicidad,

trabajo de ocho a tres; las tardes las tengo libres para hacer otras cosas. Los lunes y los miércoles voy a una academia a estudiar inglés. Los martes y los jueves voy al gimnasio a hacer un poco de deporte: es bueno cuidar el cuerpo. Me gusta mucho el cine, por eso voy todos los miércoles, que es el día del espectador. Los lunes, después de inglés, visito a mi madre: charlamos un rato, damos un paseo, tomamos un café. Los martes voy con Ángel a la biblioteca. Todos los viernes por la tarde me reúno con mis amigos en un club de amantes de la naturaleza. Siempre hay alguna charla interesante sobre medio ambiente. Los sábados y los domingos descanso y me relajo, porque durante la semana tengo muchas cosas que hacer.

Ejercicio 12

Hola, me llamo Laura y soy estudiante de español. Estoy aprendiendo muchas cosas nuevas. Mis clases son por las mañanas. Este es mi horario.

Todos los días entro a las 9:00. De 9.00 a 10:30, los lunes, miércoles y viernes, tengo Gramática, y los martes y jueves, Composición: el profesor nos enseña a escribir en español. A las 10:30 hacemos un descanso todos los días. Vamos al bar a tomar un café o un té.

Regresamos a las 11:00; después, hasta las 12:30, los martes, miércoles y jueves tenemos clase de conversación –esta es la mejor, pues podemos hablar y practicar lo que estamos aprendiendo–; los lunes y viernes, a esa misma hora, es decir, de

11:00 a 12:30, tenemos fonética, vamos al laboratorio de idiomas y hacemos prácticas de pronunciación. Y por fin, la última hora. Son las clases de cultura, que empiezan a las 12:30 y terminan a las 13.30. Tenemos varias asignaturas de cultura: los lunes y martes damos Historia; los miércoles y jueves, Literatura, y los viernes, Cine. Los sábados, normalmente, hay excursiones. Este sábado vamos a Toledo, una ciudad cercana a Madrid con una larga historia y muchos edificios de interés. El autobús sale a las 9:30. No sabemos a qué hora regresaremos.

Los domingos es nuestro día libre. Yo aprovecho para descansar, escribir cartas a mi familia, limpiar la casa...

Ejercicio 13

- Buenos días.

- Buenos días. Siéntese, por favor. ¿Me dice su nombre y apellidos, por favor?

- Sí. Me llamo Dolores Vélez Casamayor.

- ¿De dónde es usted?

- Soy argentina, de Buenos Aires.

- ¿A qué se dedica?

- Soy abogada. Trabajo en un despacho. Yo me encargo de los temas de trabajo: contratos, seguros, despidos. También soy profesora en una academia: enseño inglés a niños.

- ¿Y cuál es su horario?

- En el despacho, empiezo a las 8:00 y termino a las 15:00, es decir, de ocho a tres. A la academia sólo voy los lunes y los miércoles, de cinco a ocho de la tarde.

- Habla usted inglés, ¿no?

- Sí, y también francés.

- ¡Ah, estupendo! Bueno, y... ¿qué días y a qué horas puede venir a colaborar con nosotros?

- Los martes, jueves y viernes, de 17:30 a 21:30.

- ¡Qué gran ayuda! Necesitamos gente como usted. ¿Qué le gusta hacer en su tiempo libre?

- Me gusta leer, ir al cine, charlar con la gente; también me gusta mucho pasear.

- Y excursiones, ¿le gusta a usted ir de excursión al campo?

- No, no mucho. Nunca hago excursiones al campo. Soy de ciudad.

- Está bien. ¿Tiene alguna pregunta que hacer?

- Sí, ¿qué labores voy a realizar exactamente?

- Ah, claro, lo más importante: hay muchas cosas para hacer. Usted puede pasear con los ancianos, visitar a los enfermos en los hospitales, enseñar español a inmigrantes, solucionar problemas legales...

Unidad 4
Lección 7

Ejercicio 6

Gema: Buenas tardes. Por favor, ¿cuánto cuesta un billete de avión o de tren a Madrid?

Agencia: ¿Solo ida o ida y vuelta?

Miguel: Ida y vuelta.

Agencia: ¿Salida el viernes o el sábado?

Miguel: El sábado por la mañana.

Agencia: ¿Turista o preferente?

Gema: Turista, turista. La opción más económica.

Agencia: A ver..., a ver... El avión son 120 euros y el tren son 59,40 por trayecto.

Ejercicio 7

1.
-¿Dígame?
-Hola, ¿está Gema?
-Se ha equivocado de teléfono.
-Lo siento, perdone.

2.
-¿Sí?
-Hola, ¿está Gema?
-Sí, ¿de parte de quién?
-De Miguel.
-Un momento, ahora se pone.

3.
(...) Comunica.

4.
-Buenas tardes, lo atiende Pepa García, ¿en qué puedo ayudarlo?
-Buenas tardes, por favor, ¿me da el número de Seguros La Tranquilidad?
-Tome nota. El número solicitado es 91 2295353.

5.
-Seguros La Tranquilidad, ¿dígame?

-Por favor, ¿me puede poner con Jorge Aguirre?
-Un momento [...]. Lo siento, señor, no está. ¿Quiere dejarle algún recado?
-No, gracias. Volveré a llamar.

Ejercicio 8

1.
A: ¿La Sra. García, por favor?
B: No, no es aquí.
A: Ah, perdone.

2.
A: ¿Está Jaime, por favor?
B: No, no está en este momento.
A: ¿Puedo dejarle un recado?
B: Sí, dígame.

3.
A: Buenos días, ¿el Sr. Joaquín Gómez, por favor?

B: No sé si está en su despacho. ¿De parte de quién?

4.

A: ¿Puedo hablar con el Sr. Rodríguez?

B: Ahora no puede ponerse. ¿Quiere dejarle algún recado?

A: No es necesario, gracias.

Ejercicio 10

M: Hola, Jorge, soy Miguel, ¿qué tal?

J: Hola, Miguel. Muy bien, ¿y tú?

M: Muy bien. Mira, Gema y yo estamos pensando en ir a visitarte.

J: ¿De verdad? Fenomenal. ¿Cuándo venís?

M: El próximo fin de semana. ¿Te parece bien o te vas a algún sitio?

J: No, no, no voy a ningún sitio. Venís en avión, ¿no?

M: Sí, para aprovechar mejor el tiempo.

J: Pues voy a buscaros al aeropuerto.

M: ¿Seguro que puedes venir? Si no, vamos a tu casa en taxi.

J: No, no, voy yo.

M: ¿Y tú? ¿Cuándo vienes a Barcelona?

J: Quién sabe. Lo mismo me voy con vosotros.

Ejercicio 13

Miguel

Jorge

Gema

García

Joaquín

Aguirre

Gutiérrez

Javier

Jiménez

Rodríguez

Gómez

Julián

Gil

LECCIÓN 8

Ejercicio 1

1. Pasajeros del vuelo DF 123 con destino Buenos Aires, lamentamos informarles de que, debido a las fuertes tormentas, su vuelo saldrá con retraso. Se estima que el retraso será de unas 3 horas. Seguiremos informándoles de la situación del tiempo.

2. Señores pasajeros: les recordamos que a su llegada a la estación de autobuses de La Coruña los estará esperando otro autobús que los conducirá a su hotel. Es un servicio gratuito. Deben dirigirse a la ventanilla de Bus-rapid, donde los informarán.

3. Último aviso para los señores pasajeros del tren AVE con destino Sevilla: se encuentra estacionado en vía 5; va a efectuar su salida en breves instantes. Les recordamos que no efectúa paradas.

Ejercicio 5

Recepcionista: Buenos días.

Carlos: Buenos días. Somos Arturo Fernández y Carlos Sanz. Tenemos una habitación reservada.

R: Sí, aquí está: del 6 al 12 de julio, ¿verdad?

C: Sí, así es.

R: Han contratado alojamiento y desayuno, ¿no es así?

C: Sí, así es.

R: ¿Me dejan su DNI, por favor?

C: Sí, claro. Tenga.

R: Muchas gracias. Los desayunos se sirven de 7:30 a 9:30. ¿Pueden decirme a qué hora prefieren desayunar?

C: A las 9:00 es buena hora.

R. Otra cuestión: si van a comer o cenar aquí algún día, tienen que reservarlo ahora. En estas fechas está todo lleno.

C: Comemos todos los días fuera. Pero queremos cenar aquí esta noche y la noche del día 11. ¿Puede reservarnos a las 10:00?

R: Sí, por supuesto. Tomo nota. (...) ¿A qué excursión van a ir?

Arturo: A la de Santiago de Compostela. ¿Nos da algún folleto informativo sobre esta ciudad, por favor?

R: Sí, tengan. Por último, ¿van a necesitar el servicio de lavandería?

C: No, no. Por favor, ¿puede darnos también información sobre los medios de transporte?

R: Tengan. Bueno, ya está todo. Aquí está su llave: habitación 536. Firmen aquí, por favor.

A: ¿Puede dejarme un bolígrafo, por favor?

R: Tenga, puede quedarse con él.

A: Muchas gracias.

R: ¿Necesitan algo más?

C: Sí, ¿puede cambiarme este billete en monedas? Es para el teléfono.

R: Lo siento, ahora no tengo cambio.

C: Arturo, ¿me dejas dos euros para el teléfono?

A: Yo tampoco tengo monedas. Pero toma, te dejo mi móvil. Llama desde aquí.

Ejercicio 9

Marta: Vamos a la calle Pablo Neruda, por favor.

Taxista: De acuerdo. ¿A qué altura?

Marta: Al número 47, esquina con Jorge Luis Borges.

Taxista: Ah, sí, ya sé.

Marta: Mire, solo tengo un billete de 50. ¿Tiene cambio?

Taxista: Sí, no se preocupe...

(...)

Taxista: ¿Dónde los dejo?

Marta: En la próxima esquina, por favor.

Taxista: ¿Aquí?

Marta: Sí, sí... aquí está bien. ¿Cuánto es?

Taxista: 10,25.

Lección 9

Ejercicio 3

África: Hola, Pili.

Pili: Hola, África, ¿qué tal?

África: Bien, mira, te presento a Silvia, la hermana de Paco.

Pili: Hola, encantada.

Silvia: Igualmente.

Jesús: Hola, Inés. Mira, éste es Chema, el tío de María.

Inés: Hola, ¿qué tal?

Chema: Encantado de conocerte.

Charo: Ricardo, te presento a Patricia, la tía de María.

Ricardo: Mucho gusto.

Patricia: Encantada.

Ejercicio 5

Padre Isidro: Hola, Silvia. ¿Qué tal?

Silvia: Bien, padre. Mire, este es mi hermano Alfonso.

Padre Isidro: Encantado de conocerte.

Alfonso: Igualmente.

Padre Isidro: Te pareces mucho a tu hermano Paco y a aquella señora alta con el pelo corto y blanco que lleva gafas.

Alfonso: Sí, es que es nuestra abuela. Se llama Charo.

Padre Isidro: Ah, y vuestro abuelo, ¿quién es?

Silvia: Es ese señor bajito y un poco gordo que está detrás de usted.

Padre Isidro: ¿El moreno?

Silvia: No, el calvo, que está hablando con esa chica rubia con el pelo largo y los ojos azules.

Padre Isidro: Ah, sí. Esa chica es mi hermana, Elena. Es compañera de vuestro hermano.

Alfonso: ¡Anda!, pues su jefe es Jorge, aquel señor delgado que tiene barba y bigote.

Padre: Sí, ya lo conozco.

Ejercicio 10

Rodolfo es el mayor de tres hermanos. Él es moreno, pero sus hermanos son rubios. Su padre se llama Álvaro y es profesor de literatura, por eso su casa está llena de estanterías con libros. Su madre, Rebeca, es cocinera en un restaurante. Rodolfo y sus hermanos tienen un perro llamado Roco, que fue un regalo del Día de Reyes.

Lección 10

Ejercicio 3

Vivir con mi mujer es muy difícil. Ella tiene muchas manías, por ejemplo, odia el calor. Por eso prefiere ducharse con agua fría y le gusta dormir con la ventana abierta, incluso en invierno. Otra manía es que le encanta andar descalza por casa y…, como no hace ruido, ¡me da cada susto…! También le gusta comer pipas, está todo el día comiendo pipas como un loro. Y yo odio encontrar cáscaras de pipas por todas partes. ¡No soporto a mi mujer!

(…)

La vida con mi marido es muy aburrida. Prefiere el trabajo antes que a mí. Le encanta traerse trabajo a casa y tiene todo lleno de notas. Se levanta muy temprano y vuelve tarde, porque le gusta ir a tomar una cerveza con sus compañeros después del trabajo. Además, es un maniático del orden. Odia encontrarse una pequeña cáscara de pipa en el sofá. ¡Es inaguantable!

Ejercicio 7

Virginia: Marta, ¿te gusta dormir con la ventana abierta?

Marta: Sí, ¿y a ti, Virginia?

Virginia: A mí también, pero odio ducharme con agua fría.

Marta: Yo no. Yo odio el agua caliente, prefiero el agua fría.

Virginia: ¿Y te gusta levantarte temprano?

Marta: No, no me gusta nada.

Virginia: A mí tampoco. Prefiero levantarme tarde.

Marta: Yo también.

Virginia: ¿Y qué otros hábitos tienes?

Marta: Pues… me gusta andar descalza por casa, ¿y a ti?

Virginia: A mí no.

Ejercicio 13

1. Yo creo que el carácter depende del momento histórico. Por eso nuestros abuelos son diferentes a nosotros.

2. Yo creo que el carácter depende de la educación, no del grupo sanguíneo.

3. Yo creo que el grupo sanguíneo no tiene relación con el carácter. El carácter depende de la genética.

4. Yo creo que somos libres y que podemos elegir nuestro carácter.

5. Yo creo que nuestro carácter depende del grupo sanguíneo y que no podemos cambiarlo.

transcripciones

Glosario

ESPAÑOL	INGLÉS	FRANCÉS	ALEMÁN	ITALIANO	PORTUGUÉS
A					
abogado (el)	lawyer	avocat	Rechtsanwalt	avvocato	advogado
abril	April	avril	April	aprile	abril
abuelo (el)	grandfather	grand-père	Großvater	nonno	avô
academia (la)	school	académie	Akademie	academia, scuola	escola particular
acostarse	go to bed (to)	se coucher	schlafen gehen	andare a letto, coricarsi	deitar(-se)
aeropuerto (el)	airport	aéroport	Flughafen	aeroporto	aeroporto
afeitarse	shave (to)	se raser	sich rasieren	farsi la barba	barbear-se
afirmación (la)	affirmation	affirmation	Bestätigung	affermazione	afirmação
agosto	August	août	August	agosto	agosto
albañil (el)	bricklayer	maçon	Maurer	muratore	pedreiro
alemán	German	allemand	deutsch	tedesco	alemão
alojamiento (el)	accomodation	logement	Unterkunft	alloggio	alojamento, acomodação
alto	tall	haut, grand	hoch, groß	alto	alto
alumno (el)	student	élève	Schüler	alunno	aluno
allí	there	là	da	lì, là	ali
amable	kind	aimable	nett	gentile	amável
andén (el)	platform	quai	Bahnsteig	binario	plataforma
antipático	unpleasant	antipathique	unsympathisch	antipatico	antipático
año (el)	year	an, année	Jahr	anno	ano
apasionado	passionate	passionné	leidenschaftlich	appassionato	apaixonado
apellido (el)	last name	nom de famille	Nachname	cognome	sobrenome
aquel	that	ce, celui	jener	quello	aquele
aquí	here	ici	hier	qui, qua	aqui
arquitecto (el)	architect	architecte	Architekt	architetto	arquiteto
arroba (la)	at (@)	arobase	at	chiocciola	arroba
asignatura (la)	subject	matière	Fach	materia (d'insegnamento)	disciplina, matéria de estudo
audición (la)	audition	audition	Hörübung	audizione	audição
autobús (el)	bus	autobus	Bus	autobús, pullman	ônibus
autopista (la)	motorway	autoroute	Autobahn	autostrada	auto-estrada
avión (el)	airplane	avión (el)	Flugzeug	aereo	avião
ayuda (la)	help	aide	Hilfe	aiuto	ajuda
B					
bajo	short	bas, petit	tief	basso	baixo
bañador (el)	bathing suit	maillot de bain	Badeanzug, Badehose	costume da bagno	maiô, calção de banho
barato	cheap	bon marché	billig	economico	barato
barba (la)	beard	barbe	Bart	barba	barba
barco (el)	boat	bateau	Schiff	nave	navio, barco
barrio (el)	neighborhood	quartier	Stadtviertel	quartiere	bairro
bastante	enough	assez	ziemlich, genug	abbastanza	bastante
beber	drink (to)	boire	trinken	bere	beber
bicicleta (la)	bicycle	bicyclette	Fahrrad	biclicletta	bicicleta
bien	well	bien	gut	bene	bem
bigote (el)	mustache	moustache	Schnurrbart	baffi	bigode
billete (el)	ticket	billet, ticket	Fahrschein	biglietto	bilhete, passagem
boda (la)	wedding	mariage	Hochzeit	matrimonio	casamento
bolígrafo (el)	pen	stylo	Kugelschreiber	penna	caneta
bombero (el)	fireman	pompier	Feuerwehrmann	pompiere	bombeiro
borrador (el)	eraser	brouillon	Tafellappen	gomma (per cancellare)	rascunho, esboço
borrar	erase (to)	effacer	auswischen, ausra-dieren	cancellare	apagar
brasileño	Brasilian	brésilien	brasilianisch	brasiliano	brasileiro
británico	British	britannique	britisch	bitannico	britânico
buscar	look for (to)	chercher	suchen	cercare	procurar
C					
calvo	bald	chauve	glatzköpfig	calvo	careca, calvo
canadiense	Canadian	canadien	kanadisch	canadese	canadense
carácter (el)	character	caractère	Charakter	carattere	caráter
carné (el)	card	permis, carte	Ausweis	documento (d'iden-tità)	carteira, documento de identificação
carnicero (el)	butcher	boucher	Metzger	macellaio	açougueiro
caro	expensive	cher	teuer	caro	caro
carpeta (la)	folder	dossier, pochette	Mappe	cartella	pasta
carpintero (el)	carpenter	charpentier	Zimmermann	falegname	carpinteiro
casarse	get married (to)	se marier	heiraten	sposarsi	casar-se

| --- | --- | --- | --- | --- | --- |
cenar	have dinner (to)	dîner	zu Abend essen	cenare	jantar
centro de salud (el)	clinic	centre sanitaire	Ärztehaus	ambulatorio	posto de saúde
cerca (de)	near	près de	bei	vicino (a)	perto
cobarde	coward	lâche	feige	codardo	covarde
cocinero (el)	cook	cuisinier	Koch	cuoco	cozinheiro
coche (el)	car	voiture	Auto	macchina	carro
colegio (el)	school	collège	Schule	scuola	colégio
colombiano	Colombian	colombien	kolumbianisch	colombiano	colombiano
comer	eat (to)	manger	essen	mangiare	comer
comisaría (la)	police station	commissariat	Kommissariat	commissariato	delegacia
cómo	how	comment	wie	come	como
cómodo	confortable	commode, confortable	bequem	comodo	cômodo, confortável
completar	complete (to)	compléter, achever	vervollständigen	completare	completar
comprobar	check (to)	vérifier	feststellen	verificare, controlare	verificar, comprovar
conductor (el)	driver	conducteur, chauffeur	Fahrer	autista	motorista
conocer	know (to)	connaître	kennen	conoscere	conhecer
construir	build (to)	construire	bauen	costruire	construir
contestar	answer (to)	répondre	antworten	rispondere	responder
copiar	copy (to)	copier	kopieren	copiare	copiar
coreano	Korean	coréen	koreanisch	coreano	coreano
corregir	correct (to)	corriger	korrigieren	correggere	corrigir
correo electrónico (el)	e-mail	courrier électronique	Email	ce-mail	correio eletrônico
corto	short	court	kurz	corto	curto
creer	believe (to)	croire	glauben	credere	achar, crer
cuaderno (el)	exercise book	cahier	Heft	quaderno	caderno
cuál	which	quel	welches	quale	qual
cuándo	when	quand	wann	quado	quando
cuántos	how many	combien	wie viele	quanti	quantos
cura (el)	priest	curé	Priester	prete	sacerdote, padre
charlar	talk (to)	bavarder	reden	chiacchierare	conversar, bater papo
chino	Chinese	chinois	chinesisch	cinese	chinês

D

decir	say (to)	dire	sagen	dire	dizer
delgado	thin	mince	schlank	magro	magro
dependiente (el)	salesperson	vendeur	Verkäufer	commesso	balconista, vendedor
deporte (el)	sport	sport	Sport	sport	esporte
desayunar	have breakfast (to)	déjeuner	frühstücken	fare colazione	tomar o café da manhã
descansar	rest (to)	se reposer	ausruhen	riposare	descansar
despacho (el)	office	bureau	Büro	ufficio	escritório
despedida (la)	farewell	adieux	Abschied	addio	despedida
despertarse	wake up (to)	se réveiller	aufwachen	svegliarsi	acordar
dibujo (el)	picture	dessin	Bild	disegno	desenho
diccionario (el)	dictionary	dictionnaire	Wörterbuch	dizionario	dicionário
diciembre	December	décembre	Dezember	dicembre	dezembro
distancia (la)	distance	distance	Distanz	distanza	distância
diversión (la)	fun	divertissement	Unterhaltung	divertimento	diversão
divertido	funny	amusant	unterhaltsam	divertente	divertido
división (la)	division	division	Unterteilung	divisione	divisão
domicilio (el)	address	domicile	Wohnsitz	domicilio, indirizzo	domicílio
domingo (el)	Sunday	dimanche	Sonntag	domenica	domingo
dónde	where	où	wo	dove	onde
dormirse	go to sleep (to)	s'endormir	einschlafen	addormentarsi	adormecer
ducharse	take a shower (to)	se doucher	sich duschen	farsi la doccia	tomar banho

E

edad (la)	age	âge	Alter	età	idade
egoísta	selfish	égoïste	egoistisch	egoista	egoísta
ejercicio (el)	exercise	exercice	Übung	esercizio	exercício
electricista (el)	electrician	électricien	Elektriker	elettricista	eletricista
embarcar	board (to)	embarquer	an Bord gehen	imbarcare	embarcar
empezar	begin (to)	commencer	anfangen	iniziare	começar
encantar	love (to)	enchanter, adorer	bezaubern	piacere molto	encantar; adorar
enero	January	janvier	Januar	gennaio	janeiro
enfermedad (la)	illness	maladie	Krankheit	malattia	doença
enfermero (el)	nurse	infirmier	Krankenpfleger	infermiere	enfermeiro

ESPAÑOL	INGLÉS	FRANCÉS	ALEMÁN	ITALIANO	PORTUGUÉS
entender	understand (to)	comprendre	verstehen	capire	entender
entrar	come in (to)	entrer	eintreten	entrare	entrar
entre	between	parmi, entre	zwischen	tra	entre
enunciado (el)	statement	énoncé	Aussage	enunciato	enunciado
equipaje (el)	luggage	bagages	Gepäck	bagagli	bagagem
escribir	write (to)	écrire	schreiben	scrivere	escrever
escuchar	listen (to)	écouter	hören	ascoltare	escutar
ese	that	ce	dieser	quello	esse
español	Spanish	espagnol	spanisch	spagnolo	espanhol
esposa (la)	wife	femme, épouse	Gattin	sposa	esposa
esquema (el)	sketch	schéma	Schema	schema	esquema
esquina (la)	corner	coin	Ecke	angolo	esquina
estación (la)	station	gare	Jahreszeit, Bahnhof	stazione	estação
estadounidense	American	américain	US-amerikanisch	statunitense	norte-americano
este	this	ce	dieser	questo	este
estuche (el)	case	étui	Etui	astuccio	estojo
estudiante (el, la)	student	étudiant	Student	studente	estudante
estudiar	study (to)	étudier	studieren	studiare	estudar
extrovertido	extrovert	extraverti	extrovertiert	estroverso	extrovertido

F

ESPAÑOL	INGLÉS	FRANCÉS	ALEMÁN	ITALIANO	PORTUGUÉS
facturar	bill (to)	facturer	einchecken	fare il check-in	faturar
facultad (la)	faculty	faculté	Fakultät	facoltà	faculdade
familia (la)	family	famille	Familie	famiglia	família
febrero	February	février	Februar	febbraio	fevereiro
firma (la)	signature	signature	Unterschrift	firma	assinatura
fotógrafo (el)	photographer	photographe	Fotograf	fotografo	fotógrafo
francés	French	français	französisch	francese	francês
frutero (el)	fruit seller	fruitier	Obsthändler	fruttaiolo	fruteira

G

ESPAÑOL	INGLÉS	FRANCÉS	ALEMÁN	ITALIANO	PORTUGUÉS
gafas (de sol) (las)	sunglasses	lunettes (de soleil)	Sonnenbrille	occhiali (da sole)	óculos
generoso	generous	généreux	großzügig	generoso	generoso
goma (la)	rubber	gomme	Gummi	gomma	borracha
gordo	fat	gros	dick	grasso	gordo
gorra (la)	cap	casquette	Mütze	berretto	gorro, boné
grosero	rude	grossier	unerzogen	scortese	grosseiro
gustar	like (to)	plaire, aimer (cosas y personas)	gefallen, schmecken	piacere	gostar

H

ESPAÑOL	INGLÉS	FRANCÉS	ALEMÁN	ITALIANO	PORTUGUÉS
haber	there + be	avoir	haben, geben	avere	haver
hábito (el)	habit	habitude	Gewohnheit	abitudine	hábito
hablar	speak (to)	parler	sprechen	parlare	falar
hacer	do (to)	faire	machen	fare	fazer
hermano (el)	brother, sister	frère	Bruder	fratello	irmão
hijo (el)	son, daughter	fils	Sohn	figlio	filho
hoja (la)	sheet	feuille	Blatt	foglia	olha
hora (la)	hour	heure	Stunde, Zeit	ora	hora
hospital (el)	hospital	hôpital	Krankenhaus	ospedale	hospital
humilde	humble	humble, modeste	bescheiden	umile	humilde

I

ESPAÑOL	INGLÉS	FRANCÉS	ALEMÁN	ITALIANO	PORTUGUÉS
ida (la)	one way	aller	Hinfahrt	andata	ida
igual	same	égal	gleich	uguale	igual
incómodo	unconfortable	gréable	unbequem	scomodo	incômodo, desconfortável
informático (el)	computer specialist	informaticien	Informatiker	informatico	profissional da área de informática
inglés	English	anglais	englisch	inglese	inglês
inseguro	unsecure	incertain	unsicher	insicuro	inseguro
instituto (el)	high school	lycée	Instituto, Gymnasium	istituto, liceo	instituto
inteligente	intelligent	intelligent	klug	intelligente	inteligente
invierno (el)	winter	hiver	Winter	inverno	inverno
ir	go (to)	aller	gehen	andare	ir
iraquí	Iraqi	irakien	irakisch	iracheno	iraquiano
italiano	Italian	italien	italienisch	italiano	italiano

ESPAÑOL	INGLÉS	FRANCÉS	ALEMÁN	ITALIANO	PORTUGUÉS
J					
japonés	Japanese	japonais	japanisch	giapponese	japonês
jueves (el)	Thursday	jeudi	Donnerstag	giovedì	quinta-feira
jugar	play (to)	jouer	spielen	giocare	jogar, brincar
julio	July	juillet	Juli	luglio	julho
junio	June	juin	Juni	giugno	junho
K					
kilómetro (el)	kilometer	kilomètre	Kilometer	chilometro	quilômetro
L					
lápiz (el)	pencil	crayon	Bleistift	matita	lápis
largo	long	long	lang	lungo	longo, comprido
lavarse	wash oneself	se laver	sich waschen	lavarsi	lavar-seo
lección (la)	lesson	leçon	Lektion	lezione	llição
leer	read (to)	lire	lesen	leggere	ler
lejos (de)	far (from)	loin (de)	weit	lontano	longe
lengua (la)	language	langue	Sprache	lingua	llíngua
lento	slow	lent	langsam	lento	lento
levantarse	get up (to)	se lever	aufstehen	alzarsi	llevantar(-se)
libro (el)	book	llivre	Buch	libro	vro
limpiar	clean	nettoyer	reinigen	pulire	limpar
lunes (el)	Monday	lundi	Montag	lunedì	segunda-feira
llamarse	be called	s'appeler	heißen	chiamarsi	chamar-se
llegada (la)	arrival	arrivée	Ankunft	arrivo	chegada
M					
madre (la)	mother	mère	Mutter	madre	mãe
mal	wrong	mal	schlecht	male	mal
maleta (la)	suitcase	valise	Koffer	valigia	mala
mañana	tomorrow	demain, matin	morgen	domani, mattina	amanhã
mapa (el)	map	carte	Landkarte	mappa	mapa
marcar	mark (to)	marquer	markieren	segnalare	marcar
marido (el)	husband	mari	Gatte	marito	marido
marroquí	Moroccan	marocain	marokkanisch	marocchino	marroquino
martes (el)	Tuesday	mardi	Dienstag	martedì	terça-feira
marzo	March	mars	März	marzo	março
más	more	plus	mehr	più	mais
mayo	May	mai	Mai	maggio	maio
mecánico (el)	technician	mécanicien	Mechaniker	meccanico	mecânico
médico (el)	doctor	médecin	Arzt	medico	médico
menos	less	moins	weniger	meno	menos
mesa (la)	table	table	Tisch	tavolo	mesa
metro (el)	subway	métro	U-Bahn	metro ,metropolitana	metrô
mexicano	Mexican	mexicain	mexikanisch	messicano	mexicano
miércoles (el)	Wednesday	mercredi	Mittwoch	mercoledì	quarta-feira
mochila (la)	backpack	sac à dos	Rucksack	zaino	mochila
moreno	dark-haired	brun	dunkelhäutig	bruno	moreno
moto (la)	motorcycle	moto	Motorrad	moto	moto
mucho	a lot	beaucoup	viel	molto	muito
mujer (la)	woman	femme	Frau	donna	mulher
multiplicación (la)	multiplication	multiplication	Multiplikation	moltiplicazione	multiplicação
museo (el)	museum	musée	Museum	museo	museu
N					
nacionalidad (la)	nationality	nationalité	Nationalität	nazionalità	nacionalidade
nada	nothing	rien	nichts	niente	nada
nadar	swim (to)	nager	schwimmen	nuotare	nadar
negación (la)	denial	négation	Verneinung	negazione	negação
nieto (el)	grandson	petit-fils	Enkel	nipote (di nonno)	neto
no	no	non	nein, nicht	no, non	não
noche (la)	evening	nuit	Nacht	notte	noite
nombre (el)	name	prénom	Name	nome	nome
noviembre	November	novembre	November	novembre	novembro
novio (el)	boyfriend	petit ami	Freund	fidanzato	namorado, noivo

ESPAÑOL	INGLÉS	FRANCÉS	ALEMÁN	ITALIANO	PORTUGUÉS
O					
odiar	hate (to)	haïr	hassen	odiare	odiar
oficina (la)	office	bureau	Büro	ufficio	escritório
ojo (el)	eye	œil	Auge	occhio	olho
ordenado	tidy	rangé, ordonné	aufgeräumt, ordentlich	ordenato	ordenado, arrumado
ordenador (el)	computer	ordinateur	Computer	computer	computador
orgulloso	proud	fier	stolz	orgoglioso	orgulhoso
otoño (el)	autumn	automne	Herbst	autunno	outono
P					
padre (el)	father	père	Vater	padre	pai
página (la)	page	page	Seite	pagina	página
país (el)	country	pays	Land	paese	país
papelera (la)	wastepaper basket	corbeille à papier	Papierkorb	cestino	cesto de lixo, lixeira
parecerse	look like (to)	ressembler	sich ähneln	assomigliarsi	parecer(-se)
pared (la)	wall	mur	Wand	parete	parede
pasajero (el)	passenger	passager	Passagier	passeggero	passageiro
pasear	walk (to)	se promener	spazierengehen	passeggiare	passear
peinarse	comb oneself	se coiffer	sich kämmen	pettinarsi	pentear-se
pelo (el)	hair	cheveux	Haar	capelli	cabelo
perchero (el)	coat rack	portemanteaux	Kleiderbügel	attaccapanni	cabide
perfeccionista	perfectionist	perfectionniste	perfektionistisch	perfezionista	perfeccionista
periodista (el, la)	journalist	journaliste	Journalist(-in)	giornalista	jornalista
pescadero (el)	fishmonger	poissonnier	Fischhändler	pesciaiolo	peixeiro
pintar	paint (to)	peindre	malen	dipingere	pintar
pizarra (la)	blackboard	tableau	Tafel	lavagna	quadro-negro, lousa
plano (el)	plan	plan, carte	Plan	piatto	mapa, planta
poco	little	peu	wenig	poco	pouco
poder	be able to	pouvoir	können	potere	poder
polaco	Polish	polonais	polnisch	polacco	polonês
policía (el, la)	policeman, police	policier, police	Polizei	poliziotto	policial; polícia
por	times, along	par / pour	mal, entlang	per	por
portugués	Portuguese	portugais	portugiesisch	portoghese	português
preferir	prefer (to)	préférer	vorziehen	preferire	preferir
preguntar	ask (to)	demander	fragen	chiedere, domandare	perguntar
presentar	introduce (to)	présenter	vorstellen	presentare	apresentar
primavera (la)	spring	printemps	Frühling	primavera	primavera
primo (el)	cousin	cousin	Cousin	cugino	primo
profesor (el)	teacher	professeur	Lehrer	professore	professor
puerta (la)	door	porte	Tür	porta	porta
Q					
qué	what	quoi, que	was	che	o que
querer	want (to)	vouloir	wollen	volere	querer; amar
R					
rápido	fast	vite, rapide	schnell	veloce	rápido
regla (la)	ruler	règle	Lineal	regola, riga	régua
regular	regular	réguler	mittelmäßig	regolare, discreto	regular
relacionar	relate (to)	lier	Verbindung bringen	collegare	relacionar
relajarse	relax (to)	se détendre	sich erholen	rilassarsi	relaxar
reloj (el)	clock, watch	montre, pendule	Uhr	orologio	relógio
responder	answer (to)	répondre	antworten	rispondere	responder
responsable	responsible	responsable	verantwortlich	responsabile	responsável
resta (la)	subtraction	soustraction	Subtraktion	sottrazione	subtração; resto
restaurante (el)	restaurant	restaurant	Restaurant	ristorante	restaurante
retraso (el)	delay	retard	Verspätung	ritardo	atraso
retrato (el)	portrait	portrait	Porträt	ritratto	retrato
rey (el)	king	roi	König	regge	rei
rotonda (la)	roundabout	rond-point	Kreisverkehr	rotonda	trevo de circunvalação
rubio	blond	blond	blond	biondorumano	loiro, louro
rumano	Romanian	roumain	rumänisch	rumeno	romeno
ruso	Russian	russe	russisch	russo	russo

ESPAÑOL	INGLÉS	FRANCÉS	ALEMÁN	ITALIANO	PORTUGUÉS

S

sábado (el)	Saturday	samedi	Samstag	sabato	sábado
saber	know (to)	savoir	wissen	sapere	saber
sacapuntas (el)	pencil sharpener	taille-crayons	Bleistiftspitzer	temperamatite	apontador de lápis
salida (la)	exit	sortie	Abfahrt, Ausfahrt	uscita	saída
salir	go out (to)	sortir	ausgehen	uscire	sair
saludo (el)	greeting	salut	Gruß	saluto	saudação, cumprimento
secretario (el)	secretary	secrétaire	Sekretär	segretario	secretário
seguro (el)	insurance	assurance	Versicherung	sicuro	seguro
sensible	sensitive	sensible	sensibel	sensibile	sensível
señalar	point out (to)	signaler	zeigen	segnare, indicare	assinalar, indicar
septiembre	September	septembre	September	settembre	setembro
ser	be (to)	être	sein	essere	ser
serio	serious	sérieux	ernst	serio	sério
significar	mean (to)	signifier	bedeuten	significare	significar
silla (la)	chair	chaise	Stuhl	sedia	cadeira
simpático	nice	sympathique	sympathisch	simpatico	simpático
sobrino (el)	niece	neveu	Nichte	nipote (di zio)	sobrinho
solicitud (la)	application	sollicitude	Antrag	richiesta	solicitação, pedido
subterráneo	underground	souterrain	unterirdisch	sotterraneo	subterrâneo
suma (la)	addition	addition	Summe	somma	soma, adição

T

taller (el)	repair shop	atelier	Werkstätte	officina, laboratorio	oficina, ateliê
tarde (la)	afternoon	après-midi	Nachmittag	sera	tarde
taxi (el)	taxi	taxi	Taxi	taxi	táxi
telefonear	phone (to)	téléphoner	anrufen	telefonare	telefonar
teléfono (el)	phone	téléphone	Telefon	telefono	telefone
televisión (la)	television	télévision	Fernsehen	televisione	televisão
tener	have (to)	avoir	haben	avere	ter
terminar	finish (to)	terminer	enden	finire	terminar
tienda (la)	store	magasin	Geschäft	negozio	loja
tímido	shy	timide	schüchtern	timido	tímido
tío (el)	uncle	oncle	Onkel	zio	tio
tiza (la)	chalk	craie	Kreide	gesso	giz
toalla (la)	towel	serviette de bain	Handtuch	asciugamani	toalha
tonto	stupid	bête	dumm	scemo	tonto, bobo
trabajador	worker	travailleur	fleißig	lavoratore, attivo	trabalhador
trabajar	work (to)	travailler	arbeiten	lavorare	trabalhar
tranquilidad (la)	peace	tranquillité	Ruhe	tranquilità	tranquilidade
tranvía (el)	tram	tramway	Straßenbahn	tram	bonde
trayecto (el)	journey	trajet	Strecke	percorso	trajeto
tren (el)	train	train	Zug	treno	trem

V

vago	lazy	fainéant	faul	pigro	vago, preguiçoso
valiente	courageous	courageux	mutig	coraggioso	valente
venezolano	Venezuelan	vénézuélien	venezolanisch	venezuelano	venezuelano
venir	come (to)	venir	kommen	venire	vir
ventana (la)	window	fenêtre	Fenster	finestra	janela
ventanilla (la)	window	guichet	Schalter	finestrino	bilheteria, guichê
ver	see (to)	voir	sehen	vedere	ver
verano (el)	summer	été	Sommer	estate	verão
vestirse	get dressed (to)	s'habiller	sich anziehen	vestirsi	vestir-se
vía (la)	platform	voie	Schiene	rotaia	via
viajar	travel (to)	voyager	reisen	viaggiare	viajar
viernes (el)	Friday	vendredi	Freitag	venerdì	sexta-feira
visitar	visit (to)	visiter, rendre visite	besuchen	visitare	visitar
vivir	live (to)	vivre	leben	vivere	viver, morar
volver	come back (to)	revenir	zurückkommen	tornare	voltar
voz (la)	voice	voix	Stimme	voce	voz
vuelo (el)	flight	vol	Flug	volo	vôo
vuelta (la)	turn	retour	Rückfahrt	ritorno, giro	volta

airos

LECCIÓN 1 Hola, ¿cómo te llamas?

ESPAÑOL	INGLÉS	FRANCÉS	ALEMÁN	ITALIANO	PORTUGUÉS
Adiós	Goodbye	Au revoir	Auf Wiedersehen	Addio, ciao	Tchau; adeus
Hasta luego	See you later	À plus tard	Bis bald	A dopo	Até logo
Hola	Hi	Salut	Hallo	Ciao	Oi, olá
Buenas noches	Good evening	Bonsoir	Gute Nacht	Buona notte	Boa noite
Buenas tardes	Good afternoon	Bonjour	Guten Abend	Buona sera, buon pomeriggio	Boa tarde
Buenos días	Good morning	Bonjour	Guten Tag	Buongiorno	Bom dia

LECCIÓN 2 Me gusta aprender español

ESPAÑOL	INGLÉS	FRANCÉS	ALEMÁN	ITALIANO	PORTUGUÉS
Actividades de ocio	Free time activities	Activités de loisir	Freizeitaktivitäten	Attività di ozio	Atividades de lazer
Escuchar música	Listen to music	Écouter de la musique	Musik hören	Ascoltare musica	Escutar música
Fecha de nacimiento	Date of birth	Date de naissance	Geburtsdatum	Data di nascita	Data de nascimento
Ir a bailar	Go dancing	Aller danser	Tanzen gehen	Andare a ballare	Ir dançar
Ir al cine	Go to the movies	Aller au cinéma	Ins Kino gehen	Andare al cinema	Ir ao cinema
Ir de compras	Go shopping	Faire les magasins	Einkaufen gehen	Andare a fare spese	Sair para fazer compras
Jugar al baloncesto	Play basketball	Jouer au basket	Basketball spielen	Giocare a pallacanestro	Jogar basquetebol
Jugar al fútbol	Play football	Jouer au football	Fußball spielen	Giocare a calcio	Jogar futebol
Jugar al tenis	Play tennis	Jouer au tennis	Tennis spielen	Giocare a tennis	Jogar tênis
Jugar con videojuegos	Play videogames	Jouer aux jeux vidéo	Sich mit Videospielen vergnügen	Giocare a videogiochi	Jogar videogames
Tiempo libre	Free time	Temps libre	Freizeit	Tempo libero	Tempo livre
Ver la televisión	Watch television	Regarder la télévision	Fern sehen	Guardare la televisione	Ver/Assistir televisão

LECCIÓN 3 ¿Cómo dices?

ESPAÑOL	INGLÉS	FRANCÉS	ALEMÁN	ITALIANO	PORTUGUÉS
Cuidado	Watch out	Attention	Vorsicht	Attenti	Cuidado
De nada	You're welcome	De rien	Keine Ursache, gerngeschehen	Di niente	De nada
Gracias	Thank you	Merci	Danke	Grazie	Obrigado
Lo siento	I'm sorry	Je suis désolé(e)	Es tut mir leid	Mi dispiace	Sinto muito; desculpe
Más alto	Speak up	Plus fort	Lauter	Più alto	Mais alto
Más bajo	Keep your voice down	Plus bas	Leiser	Più basso	Mais baixo
Más despacio	More slowly	Plus lentement	Langsamer	Più lentamente	Mais devagar
Perdón	I'm sorry, excuse me	Pardon	Entschuldigung	Scusi	Desculpe, com licença
Por favor	Please	S'il te plaît / S'il vous plaît	Bitte	Prego, per favore	Por favor

LECCIÓN 4 La clase

ESPAÑOL	INGLÉS	FRANCÉS	ALEMÁN	ITALIANO	PORTUGUÉS
En voz alta	Out loud	À haute voix	Mit lauter Stimmer	Ad alta voce	Em voz alta
En voz baja	(speak) Quietly	À voix basse	Mit leiser Stimme	A bassa voce	Em voz baixa

LECCIÓN 5 ¿Qué hora es?

ESPAÑOL	INGLÉS	FRANCÉS	ALEMÁN	ITALIANO	PORTUGUÉS
¿Qué tal?	How are you?	Comment ça va ?	Wie geht's?	Come va?	Tudo bem?
Cámara de fotos	Camera (photos)	Appareil photo	Fotoapparat	Machina fotografica	Máquina de fotos
Centro de salud	Clinic	Centre médical	Ärztehaus	Centro di salute, ambulatorio	Posto de saúde
Coche de bomberos	Fire engine	Camion de pompiers	Feuerwehrauto	Autoincendio	Carro de bombeiros
Las doce en punto	Twelve o'clock	Midi / minuit pile	Punkt zwölf	Mezzogiorno, mezzanotte preciso/a	Meio-dia, meia-noite em ponto
Mucho gusto	Nice to meet you	Enchanté(e)	Sehr erfreut	Molto lieto, piacere	Muito prazer

LECCIÓN 6 ¿Estudias o trabajas?

ESPAÑOL	INGLÉS	FRANCÉS	ALEMÁN	ITALIANO	PORTUGUÉS
Dar un paseo	Take a walk	Faire une promenade	Einen Spaziergang machen	Fare una passeggiata	Dar um passeio
Fin de semana	Weekend	Week-end	Wochenende	Fine-settimana, week end	Fim de semana
Hacer deporte	Do sports	Faire du sport	Sport treiben	Fare sport	Fazer esporte

ESPAÑOL	INGLÉS	FRANCÉS	ALEMÁN	ITALIANO	PORTUGUÉS
Hacer la compra	Do the shopping	Faire les courses	Einkaufen gehen	Fare la spesa	Fazer (a) compra
Ir a clase	Go to class	Aller en cours	In den Unterricht gehen	Andare a lezione	Ir na aula
Leer el periódico	Read the newspaper	Lire le journal	Zeitung lesen	Leggere il giornale	Ler o jornal
Obra de arte	Work of art	Oeuvre d'art	Kunstwerk	Opera d'arte	Obra de arte
Oír música	Hear music	Écouter de la musique	Musik hören	Ascoltare musica	Ouvir música
Parque de atracciones	Amusement park	Parc d'attractions	Vergnügungspark	Luna park	Parque de diversões
Por la mañana	In the morning	Le matin	Morgens	Di mattina	De manhã
Por la noche	In the evening	Le soir	Nachts	Di notte	À/De noite
Por la tarde	In the afternoon	L'après-midi	Abends	Nel pomeriggio, di sera	À/De tarde
Salir de copas	Go party	Aller prendre un verre	Ausgehen	Andare a spasso	Sair para beber, tomar uns drinques
Ver la tele	Watch TV	Regarder la télévision	Fern sehen	Guardare la TV (ti vu)	Ver TV

LECCIÓN 7 ¡Ya voy!

ESPAÑOL	INGLÉS	FRANCÉS	ALEMÁN	ITALIANO	PORTUGUÉS
A pie	On foot	À pied	Zu Fuß	Andare a piedi	À pé
Clase turista	Tourist class	Classe touriste	Economy-Klasse	Classe turista	Classe econômica
Comunica (el teléfono)	(the line is) Busy	C'est occupé	Besetzt sein	È occupato	Está ocupado (o telefone)
Ida y vuelta	Return (ticket)	Aller retour	Hin und zurück	Andata e ritorno	Ida e volta
Línea de metro	Subway line	Ligne de métro	U-Bahn-Linie	Linea della metropolitana	Linha de metrô
Llamar por teléfono	Make a phone call	Téléphoner	Anrufen	Telefonare	Ligar, telefonar
Medio de transporte	Means of transportation	Moyen de transport	Transportmittel	Mezzo di trasporto	Meio de transporte

LECCIÓN 8 ¿Cómo te gusta viajar?

ESPAÑOL	INGLÉS	FRANCÉS	ALEMÁN	ITALIANO	PORTUGUÉS
Billete de ida y vuelta	Return ticket	Billet aller retour	Ticket für Hin- und Rückfahrt	Biglietto di andata e ritorno	Bilhete de ida e volta (duplo)
Billete sencillo	One-way ticket	Aller simple	Ticket für einfache Fahrt	Biglieto di andata	Bilhete unitário
Habitación doble	Double bedroom	Chambre double	Doppelzimmer	Camera doppia	Quarto duplo
Habitación sencilla o individual	Single bedroom	Chambre simple ou individuelle	Einzel - oder Doppelzimmer	Camera singola	Quarto individual
Hora de llegada	Time of arrival	Heure de départ	Ankunftszeit	Ora d'arrivo	Hora de chegada
Hora de salida	Time of departure	Heure d'arrivée	Abfahrtszeit	Ora di partenza	Hora de saída
Media pensión	Half board	Demi-pension	Halbpension	Mezza pensione	Meia-pensão
Pensión completa	Full board	Pension complète	Vollpension	Pensione completa	Pensão completa
Primera clase	First class	Première classe	Erster Klasse	Prima classe	Primeira classe
Puerta de embarque	Boarding gate	Porte d'embarquement	Gate	Porta d'imbarco	Portão de embarque

LECCIÓN 9 Esta es mi familia

ESPAÑOL	INGLÉS	FRANCÉS	ALEMÁN	ITALIANO	PORTUGUÉS
Árbol genealógico	Family tree	Arbre généalogique	Stammbaum	Albero genealogico	Árvore genealógica
Llevar gafas	Wear glasses	Porter des lunettes	Eine Brille tragen	Avere degli occhiali	Usar óculos
Pelo castaño	Brown hair	Cheveux châtains	Braune Haare	Capelli castani	Cabelo castanho
Pelo corto	Short hair	Cheveux courts	Kurze Haare	Capelli corti	Cabelo curto
Pelo largo	Long hair	Cheveux longs	Lange Haare	Capelli lunghi	Cabelo comprido
Pelo liso	Straight hair	Cheveux raides	Glatte Haare	Capelli lisci	Cabelo liso
Pelo moreno	Dark hair	Cheveux bruns	Dunkle Haare	Capelli bruni	Cabelo escuro
Pelo rizado	Curly hair	Cheveux frisés	Lockige Haare	Capelli ricci	Cabelo enrolado
Ser / estar gordo	Be fat	Être gros	Dick sein	Essere grasso	Ser / estar gordo
Ser rubio	Be blond	Être blond	Blond sein	Essere biondo	Ser loiro

LECCIÓN 10 Nos gusta ser así

ESPAÑOL	INGLÉS	FRANCÉS	ALEMÁN	ITALIANO	PORTUGUÉS
Hacer reuniones	Have meetings	Faire des réunions	Ein Treffen veranstalten	Fare delle riunioni	Fazer reuniões
Tocar la batería / el piano / la guitarra	Play the drums / the piano / the guitar	Jouer de la batterie / du piano / de la guitare	Schlagzeug / Klavier / Gitarre spielen	Toccare la batteria/ il pianoforte/ la chitarra	Tocar bateria / piano /violão